GRANDES ROBOS

DE LA HISTORIA

GRANDES ROBOS
DE LA HISTORIA

ALBERTO JIMÉNEZ GARCÍA

LIBSA

© 2024, Editorial LIBSA
C/ Puerto de Navacerrada, 88
28935 Móstoles. Madrid
Tel. (34) 91 657 25 80
e-mail: libsa@libsa.es
www.libsa.es

ISBN: 978-84-662-4328-5

Textos: Alberto Jiménez García
Ilustración: Shutterstock y
    Gettyimages / Archivo Libsa
Edición: equipo editorial LIBSA
Maquetación: Alberto Jiménez García
Diseño de cubierta: equipo de diseño LIBSA

DL: M-12150-2024

CONTENIDO

PRESENTACIÓN

EL CATECISMO CATÓLICO nos lo recuerda, y por si aún quedan impíos o despistados, lo hacemos nosotros:

NO ROBARÁS

Es el séptimo de los Diez Mandamientos, poca broma. También lo hace el sentido común, aunque este, en contra de lo que se dice, es reversible y maleable, según la ocasión y el punto de vista. Porque, a veces, lo más razonable puede ser robar. ¿No robó Prometeo el fuego a los dioses? Qué bien nos vino a los humanos: qué calorcito, qué asados más ricos y crujientes, no digamos que no. También robaron –descifraron, cierto– los aliados el cifrado de la máquina criptográfica Enigma a los nazis durante la Segunda Guerra Mundial, acelerando el fin de la contienda. ¿Alguna objeción? ¡Viva Turing!

Bien, parece que estemos disculpando de antemano a nuestros protagonistas. Quizá tengamos cierto síndrome de Estocolmo tras compartir este viaje con ladrones más o menos simpáticos, algunos con más causa que otros. Y no, tampoco ha de ser eso. Este es un libro de robos, de los más sonados que se recuerdan, y sus protagonistas, las más de las veces, no fueron más que pobres diablos. Que decida el lector.

El relato lo estructuramos en tres partes. La primera, **EN BUSCA DE DINERO Y JOYAS**, la dedicamos al robo más clásico, el de objetos valiosos y tangibles. «¿Por qué escala usted montañas?», le preguntaron en 1923 al célebre himalayista George Mallory. «Porque están ahí», respondió, lacónico, el escalador. Esa misma respuesta podrían darnos nuestros ladrones a la correspondiente pregunta. «Robamos dinero y joyas porque

están ahí, los crearon para que nos las llevásemos. Que no nos hubieran dibujado así». Menuda respuesta, eso es escurrir el bulto de manera doble. Si algo hemos de aprender en este periplo es que un robo, uno grande, se prepara a conciencia, con tiempo y con cómplices. Caray con el síndrome de Estocolmo.

Iniciamos este viaje por el latrocinio con el macarrónico robo del CORONEL BLOOD Y LAS JOYAS DE LA CORONA INGLESA, el más antiguo de nuestra colección, en el siglo XVII, pero reseñable por su ambición y sorprendente resolución. Nos trasladamos a pleno siglo XX con el ASALTO AL TREN DE GLASGOW, un hito por su rápida ejecución y el amplio impacto que consiguió, cuyos responsables ganaron fama mundial y ocuparon titulares de prensa durante años. El robo del BANCO DE BAKER STREET llama la atención no solo por la cuantía y el ingenio, sino por llevarse a cabo *en las narices* del mejor detective que se recuerda: nada pudo hacer, la gloria se la llevó un gris radioaficionado local, así de prosaica es la realidad. El robo a la SOCIÉTÉ GÉNÉRALE DE NIZA aún se recuerda por sus supuestas ramificaciones con la OAS y por el magnetismo de la biografía de su supuesto cerebro, Albert Spaggiari, que nos dejó una frase para el recuerdo, pintarrajeada en el lugar del crimen: «Ni armas, ni violencia y sin odio».

El ASALTO AL BANCO CENTRAL EN BARCELONA supuso mucho más que un intento de saquear la caja fuerte con millones de pesetas. Aquel acto puso en jaque a un país, España, que intentaba consolidar su democracia.

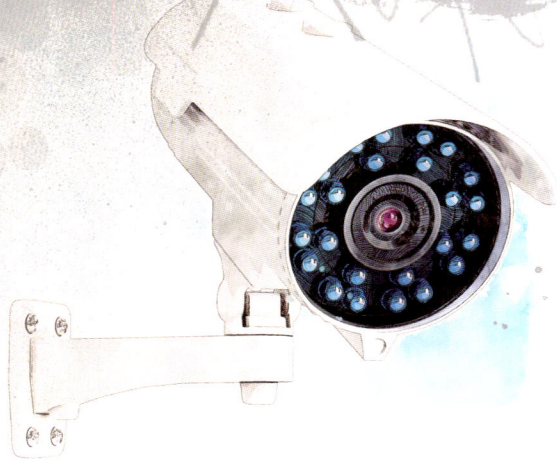

¿Qué hubo de verdad y de impostura en aquel violento asalto? Aún no se sabe a ciencia cierta, y por eso sigue fascinando. El ROBO DE DIAMANTES EN AMBERES de 2003 resulta menos enigmático en el fondo. Se sabe perfectamente quién lo hizo y cómo lo ejecutó; sin embargo, el botín pareció esfumarse. La ley encontró a los hombres, pero no a las joyas, cuyos réditos debe de seguir disfrutando alguien hoy. El ROBO DE DIAMANTES EN EL PALACIO REAL DE DRESDE nos pone frente a un dilema: ¿es mejor castigar debidamente a unos ladrones desalmados o hacer la vista gorda con tal de recuperar el tesoro de un pueblo? Si no nos llega para aplicar la ley, cuando la moral se mete estamos del todo perdidos.

La segunda parte del libro se la dedicamos a un subgénero con entidad propia: **ROBOS POR AMOR AL ARTE**. Desde que los museos acumulan obras de arte de valor incalculable –pero elevadísimo, que es lo que importa– se han convertido en recintos imprescindibles para los turistas, los estudiosos, los amantes del arte... y los apasionados de lo ajeno. En la actualidad, los museos han reforzado su seguridad y hoy resulta más complicado –pero no imposible– sustraer piezas de su interior. Queda, además, la cuestión de convertir en dinero dichas obras de arte –si es lo que se pretende–, algo realmente complicado si la obra resulta conocida; otras veces, puede que encargue el robo algún millonario diletante, deseoso de tener solo para sus ojos una belleza única; no se nos ocurre nada más egoísta y hortera.

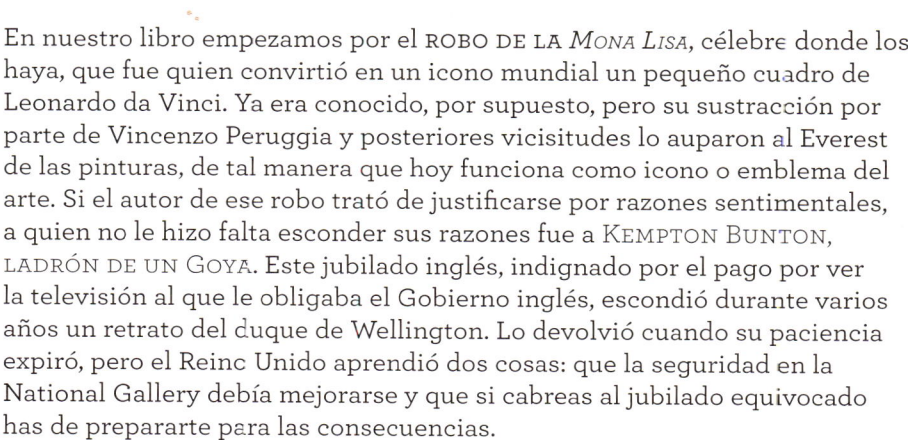

En nuestro libro empezamos por el ROBO DE LA *Mona Lisa*, célebre donde los haya, que fue quien convirtió en un icono mundial un pequeño cuadro de Leonardo da Vinci. Ya era conocido, por supuesto, pero su sustracción por parte de Vincenzo Peruggia y posteriores vicisitudes lo auparon al Everest de las pinturas, de tal manera que hoy funciona como icono o emblema del arte. Si el autor de ese robo trató de justificarse por razones sentimentales, a quien no le hizo falta esconder sus razones fue a KEMPTON BUNTON, LADRÓN DE UN GOYA. Este jubilado inglés, indignado por el pago por ver la televisión al que le obligaba el Gobierno inglés, escondió durante varios años un retrato del duque de Wellington. Lo devolvió cuando su paciencia expiró, pero el Reino Unido aprendió dos cosas: que la seguridad en la National Gallery debía mejorarse y que si cabreas al jubilado equivocado has de prepararte para las consecuencias.

Otra muestra de que arte y sentimiento van de la mano es el caso del ROBO DEL MORISOT de la Tate Gallery, llevado a cabo por dos estudiantes irlandeses que tan solo querían un poco de publicidad y justicia histórica... pero que acabaron llevándose a casa un cuadro de inmenso valor. Y vaya si lo consiguieron: décadas después, seguimos hablando de aquel robo con tintes cómicos. Menos gracia hace el ROBO DE 13 OBRAS DE ARTE EN BOSTON, ya en 1990. Se piensa en él como la sustracción más valiosa de la historia, y también la más dañina, puesto que aún no se han recuperado las

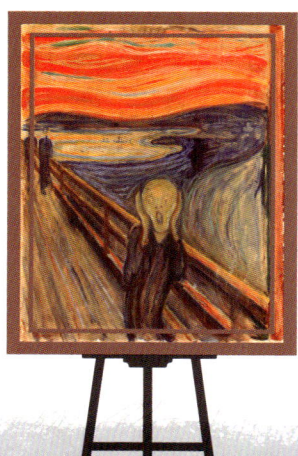

piezas. Los ladrones aprovecharon la algarabía de un día de san Patricio para llevarse un botín cuyo vacío todavía no se ha cubierto en las paredes del coqueto museo Isabella Stewart Gardner.

Pero para cuadro deseado por los ladrones, ninguno como el de *El grito*, de Edvard Munch, robado en dos ocasiones (hasta la fecha). Claro que también existen cuatro versiones y eso cuatriplica las opciones, es cierto. Pero, aunque no le hicieran falta, estas sustracciones –ya solventadas en favor de todos– empujaron la celebridad del cuadro, quizá solo tras la *Mona Lisa* en cuanto a reconocimiento mundial.

Acabamos este repaso por los robos artísticos con dos sucesos desconcertantes acaecidos en España. El primero, el ROBO DEL CÓDICE CALIXTINO de la catedral de Santiago de Compostela, ejecutado por despecho –cruel consejero– por un empleado de la misma. Su desarrollo conformó un sainete digno de leerse y supone todo un homenaje a las más bajas pasiones humanas. El segundo se alza como el caso más fantasioso y quimérico que habita este libro... porque no se puede estar seguro de que sea un robo, como tal. Sí, pero ¿cómo se explica que una escultura de 38

toneladas de acero, del afamado Richard Serra, desaparezca sin dejar rastro? Pues si no lo sabe la justicia, nosotros tampoco, pero qué menos que dejar nota de ello.

Terminamos con la parte menos extensa, pero con más futuro: **La era del robo digital**. Si hasta ahora hemos hablado de objetos valiosos emplazados en un lugar determinado, con el advenimiento del nuevo milenio cada vez hay más valor situado en almacenes digitales, más etéreos, a los que se puede acceder desde cualquier lugar del mundo... siempre que lo intentes y puedas. Es la época del jáquer, del pirata informático, del renegado solitario o del benefactor altruista, según para quién. El mayor aldabonazo lo dio en 2010 el portal de internet WikiLeaks, que fue el altavoz indispensable para el robo de documentos que llevó a cabo el soldado Manning, quien puso cientos de miles –quizá más de millón y medio– de documentos secretos a disposición del público mundial, que ponían en solfa la actuación norteamericana en las guerras de Irak y Afganistán. Todo ello llevó a Julian Assange, el fundador del medio de comunicación, a la persecución por parte de la justicia estadounidense, un culebrón que aún continúa.

El caso Snowden comparte raíces con el anterior, ya que supone el robo por parte de un exsoldado y trabajador de la administración estadounidense de material reservado. En esta ocasión, el informático Edward Snowden advirtió al público sobre la creación de una red de vigilancia global, por medio de los servicios secretos estadounidenses. Y para completar un trío de ladrones digitales con causa recordamos el caso de la Lista Falciani, un empleado de un poderoso banco suizo que se llevó archivos con información de unas 130 000 cuentas con posibles evasores fiscales, de esos que, también, nos roban a todos con impunidad silenciosa.

Son solo 17 casos que nos muestran que la avidez humana es variopinta, que hay ladrones impelidos por mejorar su cuenta corriente, otros empujados por una cuestión sentimental, incluso algunos por causar el bien, aunque eso dependa de quién y dónde sitúe el centro de gravedad de la bondad. Todos esgrimen sus razones. Señor Jardiel Poncela, díganos usted que sabe: *¿son los ladrones gente honrada?*

INTRODUCCIÓN

Atentos a la imagen de la derecha. Es un ladrón de los años 30 a punto de ser pillado in fraganti, ¿verdad? Alguien habrá dado la voz de alarma, un vigilante habrá encendido la luz y le habrá desprovisto de su mayor aliada, la oscuridad. Le espera una angustiosa huida, algún tiroteo, la justicia implacable al final del camino o quizá algo peor...

Pero ¿y si estropeamos esta fiesta de los lugares comunes? ¿Y si desvelamos –decidimos– que este hombre es un íntegro empleado de banca chicagüense, hombre de confianza del dueño, que lleva la caja del día a la caja fuerte? Un ruido lo ha alertado, se le ha abierto el maletín, se tensa por lo que pudiera estar pasando –Chicago está repleta de codiciosos gánsters–, se dispone a proteger ese dinero: su probidad es lo que le da de comer. Ahora incluso podemos disipar la tensión: falsa alarma, se cayó un libro mal puesto; esta vez, como casi siempre, tampoco va a pasar nada.

Esta última opción, pese a ser estadísticamente mucho más probable, nos defrauda. Afirma el historiador israelí Yuval Noah Harari que la diferencia esencial entre los humanos y el resto de animales de la Tierra es que los *sapiens* no solo somos capaces de imaginarnos cosas que nunca hemos visto, tocado ni oído, sino que además podemos convencer a muchas otras personas de que nuestras fantasías son ciertas. Tenemos predisposición a fabricar relatos y a creernos los que más nos interesan. Y cuando agarramos un periódico o un libro, cuando nos sentamos en una butaca de una sala de cine o en el sofá frente a la televisión, cuando escuchamos un programa de radio o un audiolibro, cuanto más nos aleje de lo que venimos de hacer –preparar la cena, pagar una factura, discutir con la pareja– mejor.

Así que ahora, lector, que hallas un hueco para ti mismo –¡al fin!– y te encuentras con esta imagen... ¿Un libro que se cae solo, un honesto empleado, el favorito del jefe? ¡Al cuerno! Un criminal, de los más fieros además, y un maletín robado hasta los topes por los que está dispuesto a cometer una carnicería. Qué menos.

Robar es malo, pero en este libro, es el bien.

LA CLEPTOMANÍA

«¿De qué sirve al hombre ganar el mundo entero, si pierde su alma?» (Mateo 16, 26). Las citas bíblicas visten mucho, pero tienen fácil contrarréplica. Lo del alma está por ver, pero ganar el mundo entero, o medio, o un poco, seduce. Aquí el problema viene porque hablamos de robar, que sabemos que está mal. Ni nos gusta robar ni que nos roben, pues; pero una lectura sobre 17 robos bien documentados resulta *estimulante*. Una manera cauta y elegante para no decir *morboso*.

Los casos que nos esperan provocaron grandes titulares en su momento. Fueron robos más o menos planificados, con un objetivo claro. Nada que ver con la cleptomanía, por ejemplo. Recordemos qué era eso: el impulso de robar cosas que, por lo general, no necesitas para sobrevivir. Cuando hablamos de ese trastorno del control de impulsos, los artículos robados no suelen ser de gran valor: el cleptómano podría haberse permitido comprarlos. Lo más habitual es que los episodios de cleptomanía sucedan repentinamente, sin planificación ni ayuda de otra persona.

El cleptómano es incapaz de resistir los fuertes impulsos que siente de robar artículos que no necesita. Padece tensión, ansiedad o excitación antes del robo... Y placer, alivio o satisfacción durante el mismo. Tras el hurto siente mucha culpa, remordimiento, incluso odio hacia uno mismo. Pero, si

no es arrestado –y no suele suceder, porque sí que estudia esa posibilidad–, con el tiempo reaparecen los impulsos y se repite el ciclo de cleptomanía.

Este tipo de ladrones –lo son, aunque ni lo busquen ni se enorgullezcan– suelen hurtar en lugares públicos, como tiendas y supermercados; pero también pueden hurtar a amigos o a extraños, como por ejemplo en una fiesta o en un gran concierto de música. Hay grados, por supuesto, que se definen sobre todo por la frecuencia: esporádica, episódica o crónica.

Ninguno de los ladrones de este libro es, en puridad, un cleptómano. Se nos antoja imposible hacer un libro divulgativo, curioso, entretenido y serio –como este, vamos– acerca de la cleptomanía. Es un tema complicado, triste y doloroso.

MEJOR SI NO ES PERSONAL

Pero está bien saber qué es la cleptomanía para protegerse de sus falsos profetas. A menudo, los ladrones convictos se hacen pasar por cleptómanos para protegerse en los juicios. En nuestro libro, es el caso de Manuel Fernández Castiñeiras, autor del robo del Códice Calixtino. El atenuante no prosperó, pero esa historia es fascinante, conviene no perdérsela. Lo más normal es robar en beneficio propio, por dinero o por algo equivalente. Lleva pasando desde que el humano es humano, ya sea por venganza, por

necesidad o por codicia. En nuestro libro, lo último es lo más habitual; pero también lo más *frío*. Un ladrón profesional calcula y planifica con una antelación de meses, si no años. Son los Notarbartolo, los Spaggiari, los Reynolds, los Gavin o los Martínez que pueblan estas páginas. Son robos *divertidos* –desde la lejanía que otorga el tiempo–, pero, ay, quizá un tanto robóticos, funcionariales: objetivo, medios, encargados, plan, ejecución, éxito (o fracaso). No suelen tener nada personal contra su objetivo: el dinero no es *nadie*, no tiene cara, ni siquiera olor (*Pecunia non olet*, «el dinero no huele», que decía Vespasiano). Además, en el caso del robo a bancos, están las aseguradoras para reponerlo, no se hace daño al ciudadano medio, si acaso a algún acaudalado evasor de impuestos.

Con las obras de arte, el asunto empieza a cobrar otros tintes. Por supuesto, los hay que tratan esas piezas como simples objetos convertibles, como cheques al portador con marco de madera de roble. Es el caso del macrogolpe al museo Isabella Stewart Gardner, en Boston (aún por resolver). Pero cuando el lector se adentre en ese apartado, descubrirá que varios de esos casos encierran un componente sentimental, *humano*. Son nuestros robos favoritos porque tienen más aristas a las que agarrarse, aunque también podamos considerarlos los más viles: se toma un bien que es de todos –o casi– para ejercer un chantaje. En realidad, nos pasa en todos los ámbitos, especialmente en el amor. La perfección es bonita, sí, pero a todos les gusta y a veces resulta inalcanzable, o hasta cargante; preferimos algo más imperfecto, que nos ofrezca la posibilidad de un fallo y que sintamos que nos *toca* a nosotros y solo a nosotros. En este libro encontraremos infames robos, todo corazón.

LO QUE ESTÁ POR VENIR

El futuro, no obstante, son los robos sin épica. Ahí vamos a perder espectáculo, aunque probablemente ganemos en profundidad. En el siglo XXI, con una sociedad muy informatizada, hay grandes tesoros cobijados no tras una caja fuerte, o en un museo, sino en unos servidores –unos discos duros gigantescos– localizados en algún lugar ignoto en Wisconsin o en Hangzhou. El procedimiento de esos asaltos no dará para cubrir muchas páginas. Se perderá la fisicidad de los robos presenciales: los sudores fríos, el bramido del taladro, los gusanos de los túneles, los músculos tensos que portan un cuadro... Quizá los lleve a cabo una sola persona –incluso un adolescente aventajado– desde la intimidad de su cuarto, sin muchos riesgos, escondido tras varios servidores *proxy*. Habrá que ser muy buen director de cine, o escritor, para sacar una historia de ese robo. Probablemente, lo más espectacular será el *qué* y no el *cómo*. Los robos digitales que aparecen en este libro tienen un aroma libertario y han causado profundos debates, que nos enriquecen como sociedad. Pero los hay –y los habrá, cada vez más– igual de viles y oportunistas como sus primos *físicos*. Las nuevas tecnologías, curiosamente, sirven para complicar la vida a los ladrones clásicos –mejor vigilancia, más control, mayor seguridad–, a la vez que permiten y fomentan nuevas modalidades.

Pese a que los tiempos cambien, damos por hecho que policías y escritores seguirán teniendo trabajo con la vieja y mala costumbre de robar.

Parte I

EN BUSCA DE DINERO Y JOYAS

ES HABITUAL DESEAR LO QUE TIENE EL PRÓJIMO, Y MÁS SI LO QUE TIENE ES EXCEPCIONAL. LOS ROBOS MÁS ESPECTACULARES SE EJECUTAN CONTRA BANCOS Y JOYERÍAS, QUE ACUMULAN DINERO Y OTROS OBJETOS DE VALOR DENTRO DE INACCESIBLES CÁMARAS DE SEGURIDAD. AUNQUE NADA HAY TAN INSEGURO COMO AQUELLO QUE MUCHOS DESEAN, COMO AQUÍ QUEDA DEMOSTRADO.

EL CORONEL BLOOD Y LAS JOYAS DE LA CORONA

DIOS SALVÓ A LA CORONA

Comenzamos nuestro paseo por los robos más sonados de la historia con uno insólito por lo «antiguo». Si bien el gusto por lo ajeno es tan viejo como la humanidad, pocos robos más allá del siglo XX están tan bien documentados. Y no es para menos. Aquí, el optimista señor Blood quiso, nada más y nada menos, que llevarse a casa las joyas de la Corona inglesa.

📍 **Torre de Londres, Londres. Reino Unido.**

📅 **9/5/1671**

🔍 **Las joyas de la Corona inglesa.**

⚙️ **Thomas Blood y sus ayudantes.**

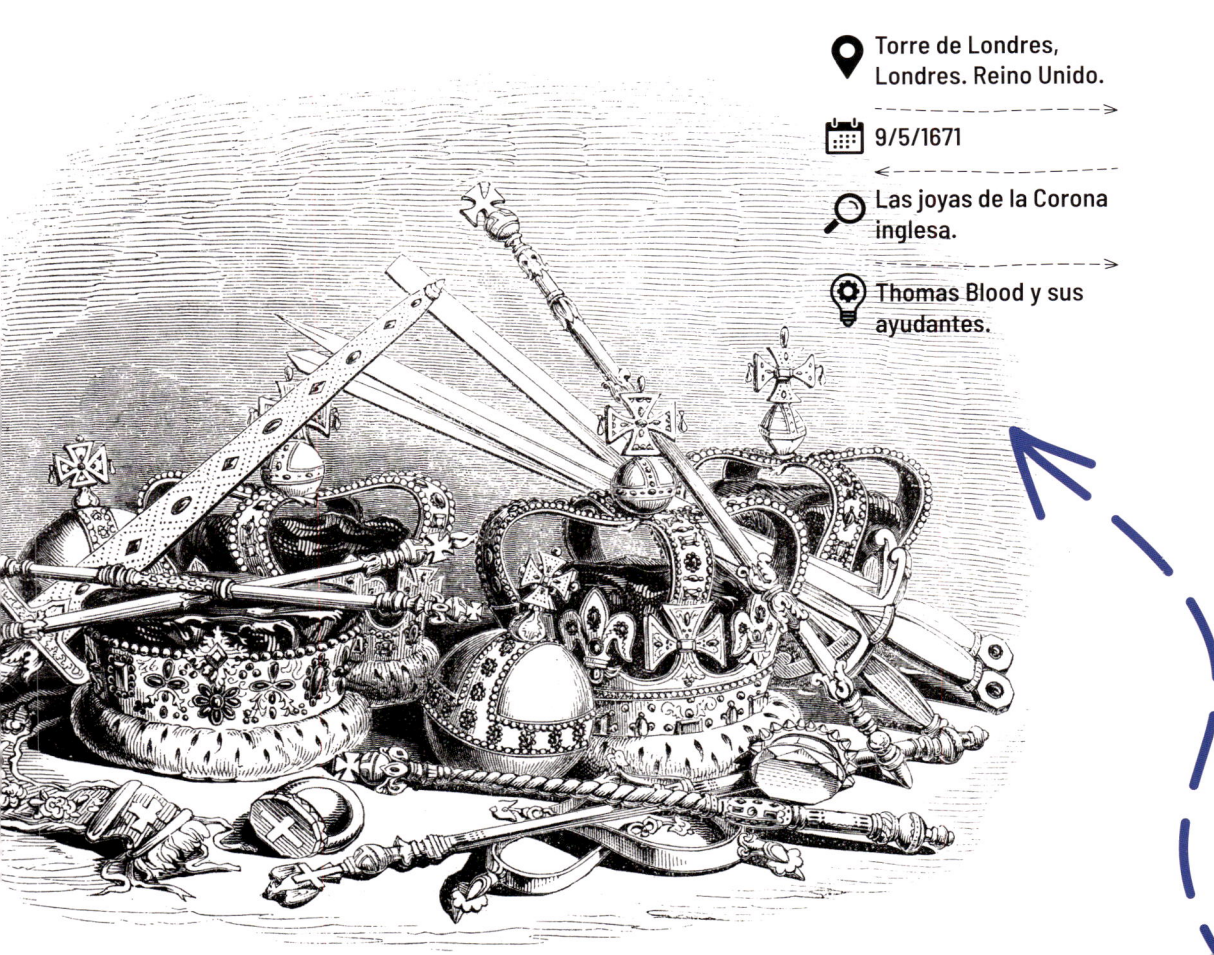

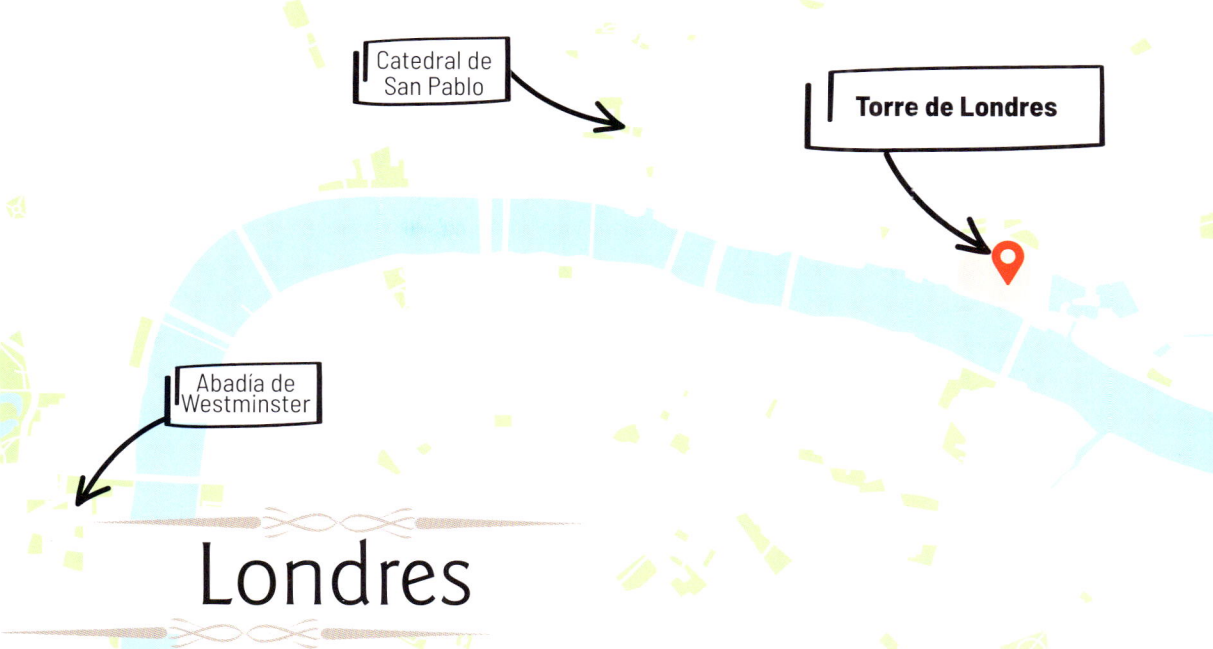

Londres

PÍCAROS LOS HA habido siempre. Bien conocida es la novela picaresca española, un género en sí misma, en la que se glosaba, casi de manera orgullosa –a la fuerza ahorcan– la figura de ese malandrín deslenguado de los siglos XVI y XVII, capaz de cualquier aventura o desventura con tal de sobrevivir o de adaptarse al ambiente. Pero pese a que en España se hizo bandera de ese tipo de rufián posibilista, la picaresca es inherente a la especie humana antes que a un país determinado. Para muestra, este botón.

INGLATERRA, SIGLO XVII

Thomas Blood no tuvo por qué ser un pícaro –y menos, un ladrón– porque nació en una familia acomodada irlandesa (el reino de Irlanda estaba en 1618, y así permaneció mucho tiempo, subordinado a la monarquía inglesa). Pero sí era un deslenguado, un adulador y, sobre todo, un tipo con encanto. Eso, en nuestros tiempos y en aquellos, puede tomarse como un eufemismo.

Antes de saber si eso es cierto, sigamos la pista a Blood, que es como seguírsela al convulso siglo XVII inglés. Cuando estalló la Primera Guerra Civil Inglesa (1642-1646), Blood tomó partido por las fuerzas realistas leales a Carlos I, de las que era soldado. Sin embargo, según avanzaba el conflicto se lo pensó mejor y se pasó al otro bando, el de los Parlamentarios (o *Roundheads*), en el que alcanzó el grado de teniente. Y desde un punto de vista práctico hizo bien: fueron ellos, comandados por el insigne Oliver Cromwell, los que ganaron la partida y fue Carlos I el que perdió la cabeza, literalmente. Ejecutado el 30 de enero de 1649 (en el patíbulo, de certero hachazo), su reinado dio paso al

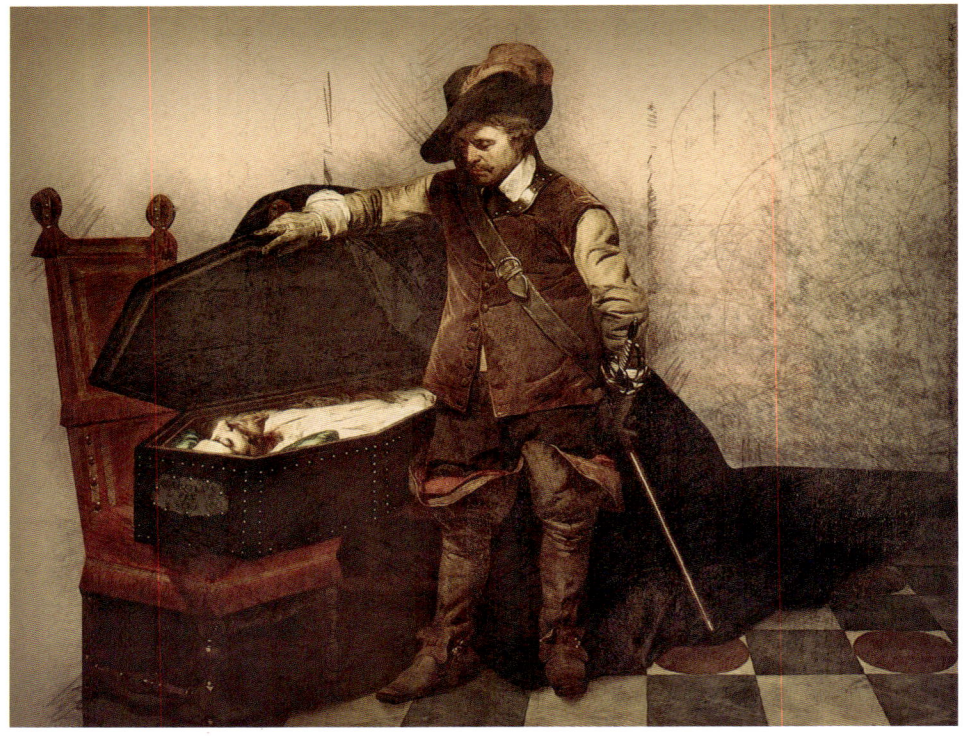

Cromwell mira al cadáver de Carlos I (1831), de Paul Delaroche. Retoque digital.

Protectorado, poco menos que una dictadura del propio Cromwell. Este premió la fidelidad sobrevenida de Blood mediante concesiones de tierras y lo nombró juez de paz.

Pero ya hablábamos del atribulado siglo XVII inglés, y la especie de república de Cromwell terminó en 1660. Fue un interregno de 11 años, finalizado con la subida al trono de Carlos II (hijo del primero), que al poco de su coronación sancionó una ley que devolvía las cosas al estado previo a la decapitación de su padre. Es decir, eliminaba las prebendas de Cromwell para con sus partidarios. Aquello dejó en la ruina a Blood.

No, a Thomas Blood no le hacía ninguna gracia Carlos II. Y él era un hombre con encanto... y de acción.

En lo sucesivo, Blood y sus compañeros cromwellianos intentaron hacer la vida imposible a los ingleses. Primero fue el complot para apoderarse del castillo de Dublín y secuestrar al gobernador de Irlanda, el duque de Ormond, que no salió bien y acabó con el exilio de Blood en Holanda. Años después, volvió de incógnito a Inglaterra y rehízo su vida... Pero pronto regresaron sus ganas

Iura regalia: ¿qué es?

Tras la ejecución de Carlos I de Inglaterra (reinado de 1625 a 1649) se abolió la monarquía en Inglaterra. Y una consecuencia fue la destrucción y venta de las *iura regalia*: los símbolos del poder de las monarquías, como la espada, el cetro y la corona, que representan privilegios, prerrogativas o derechos propios del poder soberano, al que dotan de un carácter sacral.

Tras la Restauración Estuardo de 1660, en la figura de Carlos II de Inglaterra (que reinó de 1660 a 1685), se creó una nueva *regalia* para la coronación. La del rey Carlos en la abadía de Westminster, el 23 de abril de 1661, fue la primera en lucir la corona, el cetro y el orbe del monarca, que desde entonces han portado decenas de reyes y reinas en sus coronaciones. La pieza más valiosa era la flamante Corona de San Eduardo, de oro macizo y de 2,3 kg, tan pesada que el monarca solo la llevaba un tiempo durante el acto.

Así se conformó una nueva colección de joyas de la Corona que contenía muchas otras piezas para que las utilizasen otros participantes en la coronación, además del monarca. Tan hermosa y valiosa, pero tan poco utilizada, se abrió una duda: ¿dónde guardar objetos tan preciosos hasta la siguiente coronación? (que sea tarde, Dios salve al rey). El lugar elegido fue la Torre de Londres, o «La Torre» a secas, como aún hoy es conocida. Una fortaleza erigida en el siglo XI, con una impresionante historia a sus espaldas. Allí habían sido ejecutadas Ana Bolena y Catalina Howard (segunda y quinta esposa, respectivamente, de Enrique VIII), entre otras grandes figuras.

Esa fortaleza guardaba una fama un tanto oscura: era un lugar de torturas, de horrores indescriptibles. ¿Quién se atrevería a entrar en ella para robarlas? Más aún: ¿quién querría desafiar al rey?

Corona de San Eduardo.

de jugárselas a los ingleses, y participó de nuevo en un intento de acabar con la vida del duque de Ormond, igualmente sin éxito. Sin embargo, pese a las sospechas, quedó exento de culpa y siguió con sus andanzas.

EL PLAN DEL PÍCARO

Visto que por elevación no lograba gran cosa, Blood pensó en dar un golpe más simbólico.

Desde 1669, Carlos II permitía que las joyas de la Corona se pudieran contemplar en visitas privadas, previo pago no demasiado oneroso. Nada que ver con la curiosidad bulímica del turismo masivo actual, pero era un *detalle* que algunos privilegiados aprovechaban. Para ello, se instauró la figura del Guardián de las joyas, que cumplía con honor y distinción Talbot Edwards, un fiero cancerbero de... 77 años.

En realidad, Edwards prestaba al tesoro la solera que las bisoñas joyas aún no habían ganado, y lo del estado físico era lo de menos. Importaba más el aire a tradición, la solemnidad, que la anaerobia muscular. Este mayordomo real sacaba las piezas de un armario cubierto por una rejilla y permitía al visitante manipularlas. La única medida de seguridad consistía en cerrar el armario con llave. Edwards vivía en un apartamento superior con su mujer y su hija, y estaban dentro de la mejor fortaleza de Londres. Nada que temer.

Fachada de la Torre de Londres.

A la derecha, ilustración de Thomas Blood en 1813. Durante siglos, y aún hoy, Blood permanece en la memoria colectiva británica como odiado malhechor, como caradura, aunque también hay quien lo reivindica, precisamente por eso. Se lo conoce como Coronel Blood, título que él mismo se otorgaba, aunque no hay registro de que llegara nunca a tal gradación.

Todo iba acorde a la regia magnanimidad que se espera en un lugar así, hasta que llegó la primavera de 1671. Un día –démonos el lujo de suponer que soleado, en el gris Londres– llegó una pareja de entusiastas visitantes, quienes contemplaron extasiados el brillo de las joyas. Tanto les gustó que repitieron en los días sucesivos. Él era un clérigo, ella era su esposa, y de tanto roce hicieron cierto cariño con Talbot. En realidad –adelantamos– aquel pastor no era otro que nuestro Thomas Blood, disfrazado de esa guisa, y de una actriz compinche suya, que respondía al artístico nombre de Jenny Blaine. Sus intenciones no podían ser más aviesas.

Y es que ya durante la primera visita, Blaine fingió un repentino desmayo. El sufrido clérigo pidió a Edwards alguna bebida espirituosa que la rescatase de ese estado. Su mujer, todo hospitalidad, los invitó a subir a su casa, donde la estupenda actriz Blaine se recompuso. Al rato pudieron salir ella y el clérigo por su propio pie, encantados con el trato de la familia Edwards. Esas cosas unen.

ROBO EN EL CORAZÓN DE LA CORONA

Al día siguiente, aquella extraña pareja volvió a la Torre de Londres, con el sincero propósito de agradecer, un día después, el acto desinteresado de los Edwards. Les regalaron unos guantes, qué menos. Aquellos turistas interesados volvieron más veces a la Torre de Londres, a charlar con sus benefactores de lo que hiciera falta. Si esto fuera una tragedia griega, el coro cantaría lo siguiente: «Mucho ojo con las amistades exprés».

En una de sus pláticas, Edwards había comentado que estaba buscándole un buen matrimonio a su hija. Esa información no cayó en saco roto: Blood hizo buen uso de ella. Días después, le confesaba a su nuevo amigo que, mira por dónde, él tenía un sobrino casadero, terrateniente en Irlanda, que buscaba una esposa. Edwards dio gracias a los cielos. El coro griego, mientras, se desgañitaba inútilmente.

Días después, el 9 de mayo, Edwards organizó una reunión para conocer al misterioso sobrino. A la comida en su privilegiado hogar en la Torre de Londres estaban citados Blood y su supuesto sobrino, que en realidad era su hijo Thomas, y otros dos tipos, Robert Perrot (antiguo soldado y delincuente a tiempo completo) y Richard Halliwell. Afuera se quedó un tal William Smith, que amansaba a unos veloces caballos, dispuestos a la fuga.

Podemos imaginar la charla rutinaria entre futuros parientes, mientras esperaban que la señora Edwards terminara de preparar la comida. En el ínterin, Blood sugirió que Talbot podría mostrar a su más que posible yerno las joyas de la Corona (ya que pronto se llevaría a la joya de su hija). Por qué no. El venerable guardián respaldó la propuesta y dirigió a los hombres a la estancia donde se encontraba el tesoro.

Talbot sacó las joyas del armario cerrado con llave. El ataque no se hizo esperar: le echaron una capa encima, lo ataron y le metieron un trozo de madera en la boca. No resultó suficiente, el viejo mayordomo en verdad se revolvía como un jabato. Así que le golpearon en la cabeza con un mazo y lo apuñalaron en el estómago, ya sin miramiento alguno.

Los ladrones, además de ir bien armados debajo de sus vestimentas, iban desprovistos de remilgos a la hora

Carlos II en su coronación en la abadía de Westminster. Pintura de John Michael Wright, hacia 1660. Retoque digital.

Blood y sus cómplices escapan después de robar la corona de Carlos II, en una ilustración de 1793 de T. Simpson.

de tratar con las joyas. Con el fin de reducir su tamaño y sacarlas de la Torre con más facilidad, Blood dio un martillazo a la corona para aplanarla y que cupiera bajo su capa de clérigo; Perrot se introdujo el muy sagrado orbe en los pantalones, mientras que Halliwell intentó serrar el cetro por la mitad y así esconderlo en una bolsa.

Sin embargo, durante esa escena sucedió algo con lo que no contaban los ladrones. Aquella mañana llegaba de Flandes el hijo del mayordomo real, quien llevaba diez años de servicio militar. Whyte Edwards iba de camino al hogar de sus padres, que vivían justo sobre el sótano donde Blood y compañía zaherían a su padre. Estos vieron cómo se acercaba y decidieron abortar el robo del resto de las joyas y llevarse lo puesto. Salieron corriendo de aquel lugar, hacia más allá del puente levadizo, donde les había de esperar su cómplice con los caballos. Pero, para entonces, el invencible Talbot –porque no, no había muerto– ya había dado la voz de alarma y su hijo y otros guardianes iniciaron la persecución.

La banda consiguió salir de la Torre, disparando incluso a sus perseguidores, pero estos lograron arrinconarlos y, a la postre, los detuvieron. Por el camino perdieron o tiraron algunas de las joyas, que fueron recuperadas en su práctica totalidad. A los malhechores les esperaba ahora la justicia. Su aplicación, sin embargo, resultó de lo más curiosa.

> Ya fuera por encanto, por irlandés o por san Patricio, Blood fue liberado el 18 de julio y en agosto recibió un perdón real por todos los delitos cometidos en el pasado.

INDULTO, AMNISTÍA, PREMIO

A quien promoviese –y ejecutase– un robo así, contra los bienes más señeros de la corona, solo le esperaba un final: la muerte, y no una cualquiera. Ser colgado, arrastrado y descuartizado de manera pública, no menos que eso. Blood, no obstante, tras ser detenido no parecía temer por su futuro; al contrario, pedía tener una audiencia con el rey Carlos II, a quien acababa de intentar robar su flamante tesoro, como quien pide indignado una cita con su médico de cabecera. Bajo custodia, Blood se negaba a responder preguntas y repetía como un mantra: «No responderé a nadie más que al propio rey».

Aquel descaro, aunque auténtico en un tipo como él, estaba bien fundamentado. Blood sabía que el rey tenía fama de gustarle los sinvergüenzas audaces y calculó que su *encanto* irlandés le salvaría el cuello: no sería la primera vez en su vida. Por lo menos, la táctica funcionó y Carlos II se dignó a concederle audiencia. ¿Qué pasó entonces?

Fachada posterior de la Torre de Londres.

De acuerdo con los relatos, primero entretuvo al rey con la chapucera historia del robo y luego siguió con las hazañas y aventuras que había tenido durante su vida, todo envuelto en la justa dosis de adulación que alguien como él era capaz de fabricar, quizá recordando que, en sus años mozos, antes de ser corrompido por el republicanismo, estuvo a las órdenes de su malogrado padre.

Ya fuera por encanto, por irlandés o por san Patricio, Blood fue liberado el 18 de julio, y –¡redoble de tambores!– en agosto recibió un perdón real por todos los delitos cometidos en el pasado y una concesión de tierras en Irlanda por un valor de 500 libras anuales, una pequeña fortuna. Sus cómplices también salieron indemnes.

Pero también, cómo no, aparecieron las teorías de la conspiración, sostenidas por el pertinente asombro que causaba que alguien capaz de semejante tentativa acabase no solo sin castigo, sino fortalecido. La teoría conspirativa más extendida es que Blood era un espía o un agente doble, muy probablemente del duque de Buckingham, que el rey deseaba utilizar para obtener información sobre sus enemigos en Londres. Otras teorías argumentan que el propio rey Carlos planeó todo el robo para sufragar su fastuosa, y cara, vida cortesana.

COLOFÓN

Nuestro fiel guardián de las joyas, Talbot Edwards, se recuperó y siguió hasta el fin de sus días en la Torre, con la pensión aumentada y con el chascarrillo del robo como atractivo a contar a cada visitante. Los joyeros reales tuvieron que restaurar las joyas de la Corona, que permanecieron en la Torre, pero con mejor vigilancia desde entonces. Hoy siguen allí, visibles no solo para privilegiados sino para cualquier curioso, o incluso para turistas indiferentes, que las contemplan detrás de gruesos cristales, a prueba de balas, pícaros y encanto.

Estatua del rey Carlos II en el exterior de la iglesia de Todos los Santos, en Northampton.

¡INCREÍBLE! HAN ASALTADO EL TREN DE GLASGOW

EL ROBO DEL SIGLO DE LOS AÑOS SESENTA

Un atraco espectacular por su diseño, más un botín de escándalo, más unos ladrones empeñados en dar titulares por sus intentos de eludir a la justicia. Todo ello es igual a un robo para la historia. Corría el verano de 1963, los Beatles estaban a punto de estrenar *She Loves You*, su primer número 1, y John F. Kennedy apuraba sus últimas semanas de vida.

Sears Crossing, cerca de Cheddington. Inglaterra.

8/8/1963

2,6 millones de libras esterlinas del servicio postal del Reino Unido.

Una coalición de 17 ladrones, aproximadamente.

QUIZÁ SEA ESTE el asalto a un tren por antonomasia... pero no por ello el mejor. Al menos, si se entiende por *mejor* el más exitoso. Aunque eso depende de quién lance el adjetivo. Aquí los ladrones se pueden apuntar un tanto en el trazado y la ejecución del plan. La policía, en arruinar la fuga con el botín. Y todos contentos. O, en realidad, nadie del todo.

La Royal Mail, la empresa estatal de servicio postal en el Reino Unido, quedó señalada por sus problemas de seguridad; en especial, porque el chivatazo de que ese robo era posible salió de un empleado. La policía, porque apenas se pudo recuperar el 15 % del dinero sustraído. Los ladrones, porque la mayoría de ellos acabó en unas semanas en la cárcel y no pudieron disfrutar del dinero.

Aquí, los únicos beneficiados puros somos nosotros, los morbosos lectores.

DIOS LOS CRÍA Y ELLOS SE JUNTAN

El tren lo robaron el 8 de agosto de 1963, a las oscuras e intempestivas 3:00 de la madrugada. Pero, en realidad, todo empezó mucho antes; antes incluso de las 18:50 del día anterior, cuando el tren *Up Special* de la oficina postal itinerante (TPO) partió de la estación central de Glasgow con destino a la estación de Euston, en Londres. Estas cosas, lo sabemos, no surgen de la nada. Hay trabajo de fondo en un robo como este, el buen ladrón trabaja mucho y bien. Todo empezó desde dentro de la Royal Mail. Un alto funcionario de la empresa conocía cómo funcionaba la recogida y el transporte del dinero, y

Royal Mail es la empresa de servicio postal del Reino Unido que presta servicios a nivel nacional e internacional. Fundada en 1516 por Enrique VIII como la Oficina General postal del país, es una de las compañías de correos y telégrafos más antiguas del mundo. Está controlada por el Gobierno británico y es la responsable del correo postal y mensajería dentro del Reino Unido. Fue la empresa cuyo tren fue asaltado por los ladrones el 8 de agosto de 1963.

sabía de los puntos débiles en su traslado hasta Londres. Este hombre, una de las pocas piezas no identificadas en su momento –con el tiempo se han dado informaciones, más o menos creíbles– tenía información, pero con eso no basta. Los robos los hacen los ladrones, que no son gente honrada, pero en realidad no abundan. O no todos conocemos –en persona– a uno.

Sin embargo, la ley de la gravedad indica que los cuerpos se atraen, especialmente si son de parecido pensamiento. Y si esto último no lo dice, quizá haya de reformularse. Como poco, aplica al caso. El *Ulsterman* (así llamaron al hombre de la Royal Mail) conocía al muy particular secretario de un importante abogado. Brian Field, que de ese modo se llamaba el joven, constituía un caso curioso. Era el ayudante de un sobrio abogado, al que superaba en lujo y ostentación. Lo hacía gracias a su falta de escrúpulos. Gente como él era capaz de conseguir coartadas y declaraciones interesadas de testigos, o de sobornar a la policía y a quien hiciese falta. Field sabía moverse en el inframundo y en ese nivel acabó chocando –lo predijo Isaac Newton– con el *Ulsterman*. *Great minds think alike*, afirma otro adagio inglés con rango de ley. «Las mentes brillantes piensan igual», y ambos no tardaron en sumar sus saberes.

El puente Bridego, donde se descargó el botín del tren. Un lugar ideal por estar junto a una carretera.

Así que ya estaban conectados alguien que sabía que *algo* se podía robar con alguien que sabía *quiénes* lo podrían robar. Field tenía la agenda repleta de delincuentes a los que había defendido. *No es lo que sabes, es a quien conoces*, reza el mantra de los encorbatados de hoy.

Una banda de 15 ladrones se puso en marcha.

UN ROBO... COMO DIOS MANDA

La locomotora diésel-eléctrica D326 de English Electric Tipo 4 tiraba del *Up Special* por la campiña inglesa la madrugada del 8 de agosto. El convoy constaba de 12 vagones y transportaba a 72 empleados de correos que clasificaban el correo durante el viaje: era una oficina de correos itinerante. En Glasgow se cargaba con sacos de toda Escocia, pero por el trayecto hasta Londres iba parando en diferentes estaciones y completaba su flete. El segundo de esos vagones era el llamado HVP (*High Value Packets*): transportaba grandes cantidades de dinero y correo certificado. Por lo general, el importe total de estos paquetes estaba en torno a las 300 000 libras esterlinas, pero debido a que había sido puente en Escocia, el efectivo de aquel viaje ascendía a 2,6 millones de libras. Nada de aquello era casual.

El auténtico tren Glasgow-Londres, fotografiado tras el robo, cuando llegó a la estación de Cheddington.

Cheddington

Hacia Londres

Descarga del botín al camión

Puente Bridego

Aquí obligan al conductor a tumbarse sobre las vías

La locomotora y dos vagones avanzan cerca de un kilómetro

Semáforo forzado a rojo

Se cortan los cables de teléfono

Se desenganchan dos vagones

Sears Crossing

Plan del crimen, según un esquema que apareció en el *Daily Express*.

Semáforo forzado a rojo 1,5 km antes

Tampoco lo era que el que, cerca de Cheddington, a unos 60 km de Londres, el tren se detuviese. Era algo inesperado para el maquinista, pero estaba en la hoja de ruta de la banda. Sabían dónde, qué y cómo iba a pasar: habían retirado la bombilla de la luz verde de un semáforo de Sears Crossing y encendieron la roja conectándola a una batería. Claro, sencillo, perfecto. Jack Mills, el maquinista, al ver la señal falsa, paró el tren. ¿Qué podía pasar a esas alturas de la noche? El ayudante del maquinista no tardó en saberlo. Bajó del tren y lo redujeron sin violencia. Los asaltantes rodearon el tren. El viejo Mills resultó más complicado y acabaron por golpearlo en la cabeza con una barra de metal, dejándolo aturdido. Fue el único toque de violencia. Las pistolas estaban prohibidas en aquella operación.

Desengancharon los tres primeros vagones, donde se acumulaban las sacas de dinero. Uno de los integrantes de la banda había pasado meses ganándose la confianza del personal ferroviario, sabían cómo hacerlo. La idea era conducir el tren hasta el puente de Bridego, a menos de un kilómetro. Para ello, la banda había

¡OJO CON LO QUE SE DICE!
La policía había calculado la distancia a la que debía estar la banda porque, al irse, los ladrones les habían ordenado que no se movieran «en media hora». En ese tiempo, pensaron, se podían trasladar unos 50 kilómetros.

Uno de los vagones de la oficina de correos que formaba parte del tren (que no participó en el robo) se conserva en Nene Valley Railway en Peterborough Cambridgeshire. El vagón donde se ejecutó el robo fue custodiado durante siete años. Más tarde lo quemaron y lo convirtieron en chatarra, a fin de disuadir a los cazadores de recuerdos.

La locomotora English Electric tipo 4 – D326 también fue desguazada. Valley en Sulhamstead, Berkshire.

contratado a un maquinista ya jubilado, quien, sin embargo, llegado el momento de la verdad no supo mover el tren. Tuvieron que volver a amenazar a Mills para que los llevara hasta el puente. No era –como todo lo demás– un lugar elegido al azar. Bajo ese puente pasaba una carretera, un sitio oportuno para descargar los sacos del tren y salir disparados en el camión que los esperaría.

UN BOTÍN CELESTIAL

Cuando, en efecto, llegaron al puente, el resto de la banda apareció, dispuesto a saquear los vagones. Pudieron entrar sin mucha resistencia, no había guardias de seguridad en el tren, ni radio –ni teléfonos, claro– para dar la voz de alarma. Colocaron a los empleados boca abajo en el suelo y se dispusieron a desvalijar el vagón HVP.

De los 128 sacos que había dentro, llegaron a sacar 120 en menos de 20 minutos, formando una cadena humana desde el portón del vagón hasta el camión Austin Loadstar que los esperaba unos metros más abajo. También emplearon otros dos todoterrenos, con el único propósito de ofrecer pistas falsas a posibles testigos. Ya dijimos que eran buenos... en lo suyo.

Aunque quedaban ocho sacos, se ciñeron al plan: no más tiempo del estipulado en el tren. Se dirigieron hacia su refugio, a 43 kilómetros del lugar de asalto, a donde llegaron en menos de una hora, justo cuando por las radios se daban las primeras noticias sobre el robo. Leatherslade se llamaba aquella granja, que habían comprado dos meses antes, para no levantar sospechas. Allí creían que permanecerían a salvo durante tres o cuatro días. Se relajaron un poco, incluso jugaron al Monopoly (con billetes auténticos del atraco). Esa banda contaba con un servicial departamento de Recursos Humanos. Atentos a las consecuencias.

Por supuesto, antes habían dividido el botín en 16 partes alícuotas, más alguna que otra «propina» para colaboradores de segundo grado. Fue en ese momento cuando comprobaron que la cuantía del robo ascendía a 2,6 millones de libras esterlinas (unos 65 millones de euros): cerca de 150 000 por cabeza. La mayoría, en billetes de una y cinco libras, que en total pesaban unas dos toneladas y media. Otra cosa era cómo poner en circulación un dinero en metálico que estaba seriado y controlado por los bancos.

LA BANDA CAE AL INFIERNO

Imaginemos a ese grupo de curtidos forajidos de la ley elucubrando sobre su futuro incierto, pero apasionante, cuando la radio les daba una mala noticia. La policía daba por hecho que la banda no se había dispersado, sino que estaban refugiados en algún lugar a un máximo de 50 kilómetros a la redonda del puente de Bridego. En Leatherslade pensaban permanecer hasta el domingo –el robo fue un jueves–, pero la policía preparaba una batida, ayudada por voluntarios, así que decidieron partir ese mismo viernes.

El tablero del Monopoly utilizado por los ladrones en su escondite en Leatherslade y un billete de cinco libras del robo se exhiben en el museo de la policía de Thames Valley.

El cazador de ladrones

Al cargo de la Brigada Antirrobos (la *Flying Squad*, en inglés) estaba Tommy Butler, quien, al cabo, se hizo tan famoso como los ladrones. Era uno de los grandes valores de Scotland Yard, un policía minucioso, de los que se deja la vida en el trabajo y espera que los demás hagan lo mismo. Alguien que con más de 50 años seguía viviendo con su madre: un obseso del trabajo, un *workaholic*, que dicen los ingleses.

En primer plano, Tommy Butler, en 1969.

El infame Fields y su socio de cuello blanco acudieron para prestar nuevos coches –y llevarse su parte del botín, evidentemente–, que no hubieran sido vistos por los empleados del tren. También recibieron un encargo: prender fuego a la granja para borrar cualquier prueba que pudiesen haber dejado. La banda se había esforzado en limpiar huellas dactilares –prácticamente todos estaban fichados, con antecedentes policiales–, pero nada como una buena e higiénica dosis de fuego.

Sin embargo, hay que recordar que Fields no era alguien de confianza, ni siquiera para un ladrón. No llegó a incendiar la casa y cuando, obligado, hubo de confesarlo en una reunión ante la banda –alguno quiso matarlo allí mismo– ya era demasiado tarde: la policía había hallado el escondrijo.

UN JUEGO PELIGROSO

El martes 13 de agosto la policía entró en Leatherslade. Encontraron el camión y los todoterrenos, todos ellos cubiertos de pintura amarilla, para anular la posibilidad de encontrar huellas dactilares. También hallaron comida, ropa de cama, sacos de dormir, bolsas de correo, paquetes de correo certificado, envoltorios de billetes... y el Monopoly. Y fue en este juego de mesa donde los ladrones olvidaron borrar sus huellas. Un juego que les salió muy caro.

Al mismo tiempo, un preso en una cárcel provincial, que estaba al tanto de los pormenores del robo, decidió hablar con la policía a cambio de la libertad condicional y de otros beneficios. Es lo que tienen los bajos –también los altos– fondos, que todo se sabe y todo se compra y se vende. La información que

Se condenó a 12 de los acusados al presidio entre 25 y 30 años. Las condenas para robos solían ser bastante menores, pero la celebridad del caso llevó al juez a dictar penas ejemplares.

ofreció el convicto –que se mantuvo siempre en el anonimato–, combinada con las huellas en el juego de mesa, condujeron a la publicación de una lista de 18 personas a las que la policía consideraba implicadas en el robo.

No iban mal encaminados. Las imágenes se distribuyeron por todo el país. La mayoría de la banda tuvo que esconderse.

Pero la cascada de pruebas e investigaciones de la Brigada Antirrobos fue, en esta ocasión, por delante de los malhechores. En el plazo de unas semanas fueron cayendo en manos de la justicia casi todos los miembros de la banda.

¿QUÉ FUE DE ELLOS?

En enero de 1964, los 13 detenidos se enfrentaron a un juicio, en las dependencias de Aylesbury Crown Court, en la localidad de Buckinghamshire, a pocos kilómetros de donde se cometió el robo. Fueron 51 días lo que duró el proceso, que acabó por condenar a 12 de los acusados a penas, en su mayoría,

Exterior de Aylesbury Crown, donde se llevó e cabo el juicio contra los ladrones que habían sido capturados.

Arriba, Gordon Goody, uno de los ladrones, fotografiado en Mojácar (Almería), donde vivió 40 años y regentó un chiringuito. A la derecha, Bruce Reynolds, el principal cerebro del asalto.

de entre 25 y 30 años. Por lo general, las condenas por robos solían ser bastante menores, pero la celebridad del caso –impulsada por la cuantía del botín– llevó al juez a dictar penas ejemplares. Por ejemplo, Jimmy White, uno de los pocos que logró escapar, durante unos años, de la policía –capturado al fin en 1966– recibió un castigo de «solo» 18 años de prisión, por idénticos cargos que sus compañeros; pero ya fue un juicio apartado de los focos, sin la lupa de la opinión pública encima y con el ambiente más templado.

Otros de los encarcelados consiguieron huir al poco tiempo de entrar en prisión. Charles Wilson, por ejemplo, escapó de la cárcel de Winson Green en Birmingham, cuando un grupo de tres hombres irrumpió en la prisión y consiguió liberarlo. Viajó a París, donde se sometió a una operación de cirugía plástica. Voló a Canadá, donde inició una vida acomodada con su mujer y sus tres hijos, en una comunidad apartada y lujosa. Solo cometió un error: invitar a su cuñado del Reino Unido a pasar la Navidad con ellos. No por los chistes malos de la cena –o también, pero no íbamos por ahí–, sino porque Scotland Yard lo tenía vigilado. Tommy Butler, tras esperar unas semanas para ver si les conducía a otros de los fugados, lo volvió a capturar. Cumplió su condena hasta 1978, cuando salió libre. En 1990 murió de un balazo en la puerta de su casa, en Marbella, probablemente por un asunto de drogas.

De igual manera, Ronnie Biggs llevaba 15 meses en la prisión de Wandsworth antes de escapar mediante una escalera de cuerda que descolgó por la pared, y dejándose caer sobre una camioneta de mudanzas que lo esperaba. En París se sometió a una cirugía plástica –algo en el abecé del prófugo, y ya que estamos se mejora lo presente–, cambió de identidad y escribió a su esposa para que se

> A los ladrones que pasaron mucho tiempo desaparecidos en el extranjero les quedaba muy poco dinero cuando los arrestaron, ya que tuvieron que gastar para evitar ser capturados y disfrutar de lujosos estilos de vida sin trabajar.

reuniera con él, antes de partir a Australia. Ella ya tenía una relación con otro hombre y estaba embarazada, pero se lo pensó mejor y, junto a sus dos hijos en común, volvió con Ronnie, tras solicitar antes un aborto. Biggs empezó una vida de *estrella pop* del robo, que lo llevó de Australia a Brasil, donde se hizo una pequeña celebridad, ya que el Reino Unido no tenía tratado de extradición con el país sudamericano. Se hizo cantante, participó en discos de jazz, películas... Pero, en 2001, ya mayor y cansado de ese *tren* de vida, decidió volver a su país y aceptar la pena de cárcel. En 2009 lo liberaron por cuestiones de salud y murió en 2013.

Ronald *Buster* Edwards fue de los pocos que se escabulló de la justicia. Escapó con su mujer y su hija a México, donde, sin embargo, las 150 000 libras se le agotaron pronto. Quizá eso contribuyera a que la nostalgia les invadiese y pactaron con la justicia británica su vuelta. Lo condenaron a 15 años, y a los nueve salió de prisión. Se hizo florista, cerca de la estación de Waterloo. En 1994 lo encontraron ahorcado, presumiblemente un suicidio: la policía lo seguía

De vez en cuando, tras cumplir su condena, algunos componentes de la banda se reunían. En esta imagen, tras la publicación del libro *The Train Robbers* (Piers Paul Read, 1979), basado en su historia. De izquierda a derecha: Buster Edwards, Tom Wisbey, Jim White, Bruce Reynolds, Roger Cordrey, Charlie Wilson y Jim Hussey.

Ronnie Biggs, posando como un playboy en Río de Janeiro, en 1989. Sobreimpresionada, su foto policial de 1963.

por un caso de fraude y parece que temía volver a la cárcel. En 1988, el cine británico le había dedicado una película, *Buster*, sobre su participación en el robo.

También reseñamos el devenir de Bruce Reynolds, quien fue considerado el organizador del robo, el cerebro que ultimó los detalles que permitieron el éxito de la operación. *Napoleón* lo llamaban sus compañeros. Se fugó con su mujer e hija a México, todos ellos con nombre falso. Allí incluso se reunió con Wilson y Edwards en Acapulco, en feliz fiesta de antiguos amigos. Vivió también en Canadá, Francia e incluso en Reino Unido, siempre de incógnito. En Torquay (la ciudad natal de Agatha Christie) creyó encontrar su sitio en el mundo... Pero algún Hercule Poirot creyó identificarlo, con éxito. La policía lo detuvo y fue condenado a 25 años de prisión, de los que cumplió diez.

CONCLUSIONES (SI SE PUEDEN SACAR)

De los 2,6 millones de libras esterlinas robadas se recuperaron menos de 400 000. Como norma general, el dinero fue rápidamente blanqueado –sobre todo, en casas de apuestas– o dividido entre amigos y familiares de los ladrones. Solo unos pocos cientos de libras fueron identificables por el número de serie. Había 1 579 billetes cuyos números de serie se conocían y el resto del dinero era imposible de rastrear.

A los ladrones que pasaron mucho tiempo en el extranjero (Reynolds, Wilson y Edwards) les quedaba muy poco dinero cuando fueron arrestados, ya que tuvieron que gastar para evitar ser capturados y disfrutar de estilos de vida lujosos sin encontrar empleo. En general, ¿tuvieron estos ladrones una mejor vida tras su histórico robo? Para nosotros, lectores morbosos, desde luego una más interesante. Para ellos, fue una pregunta sin sentido.

ROBAN UN BANCO EN... ¡BAKER STREET!

ATRACO CON TÚNEL EN LAS NARICES DE SHERLOCK HOLMES

A caballo entre los siglos XIX y XX, no había quien robase en Londres sin recibir su castigo: allí campaba, claro, Sherlock Holmes. Pero la realidad de nuestro tiempo es más compleja, y en 1971 se produjo, en los aledaños de su casa, un gran atraco a un banco que dejó siniestras incógnitas a los británicos.

Lloyds Bank, Londres, Reino Unido.

11/9/1971

Dinero y otros objetos de valor de cajas de seguridad.

Un equipo de cinco ladrones, comandado por Anthony Gavin.

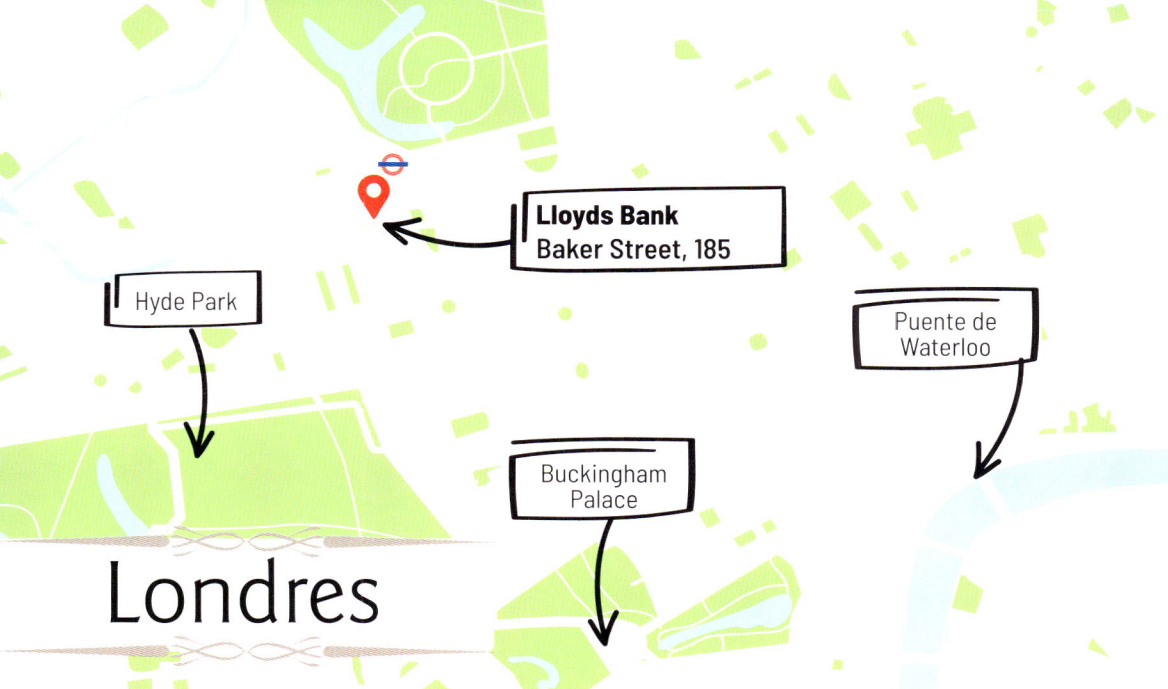

Londres

Era un detective de lo más singular, seguía cualquier pista hasta dar en el clavo. Sherlock Holmes era único y genial, como él no había otro igual... Eso lo sabía –y cantaba– cualquier niño que hubiera transitado por los años ochenta del siglo XX y viera la serie televisiva de dibujos animados. Por eso, porque era único, genial y el enemigo número uno del crimen no ya de Londres, sino de toda Gran Bretaña y parte de Europa, al sabueso creado por Arthur Conan Doyle le hubiera dolido, y mucho, este atraco cometido delante de sus narices, a 100 metros (perdón, yardas) de su hogar compartido con el doctor Watson, en el 221B de Baker Street. Un crimen que, además, sigue con varios cabos sueltos.

Con Holmes, sin duda, esto no habría pasado.

EL MALO DE LA HISTORIA

Siguiendo con Holmes, esta historia tiene hasta a su Moriarty. Y podría parecer otra digresión literaria, pero no lo es que el cerebro del siguiente atraco se inspirase en uno de los relatos cortos de *Las aventuras de Sherlock Holmes*, titulado «La liga de los pelirrojos», en el que unos delincuentes acceden a la cámara de seguridad de un banco desde el sótano de una tienda aledaña. Leer siempre ha sido provechoso, hasta para hacer el mal. Nuestro Moriarty de carne y hueso se llamaba Anthony Gavin y había trabajado como instructor de entrenamiento físico del Ejército británico. Era un *tipo duro* curtido en el ambiente del inframundo londinense, con contactos variados en el sector del crimen. Se las apañaba como fotógrafo, pero él ambicionaba más. Este hombre rudo y un tanto violento estaba en contacto con alguno de los maleantes más *celebrados* de

> *Por supuesto, no todo iba a ser coser y excavar. El principal problema sería evitar las alarmas por vibración en el suelo de la bóveda. El trasiego de las excavaciones podría activarlas.*

Londres y de aquellas lecturas y de esos contactos nació una idea. Había que robar un banco, y el Lloyds Bank de Baker Street tenía las mejores papeletas.

SIGUIENDO UN PLAN

El primer paso consistió en reclutar a su viejo amigo, Reginald Tucker, un vendedor de coches de segunda mano sin antecedentes penales, algo muy cotizado en el sector criminal. Cierto que ninguno de los dos contaba con mucha experiencia en tan aviesas intenciones, pero el talento se demuestra andando, y Gavin era un atleta. El siguiente paso fue enviar a Tucker al Lloyds Bank para empezar a tomar contacto –y medidas– con la sucursal. En diciembre de 1970 abrió una cuenta con 500 libras esterlinas y dos meses después alquiló una caja de seguridad.

En los meses siguientes, Tucker entró a revisar sus bienes 13 veces. Los empleados bien pudieron pensar que era un hombre desconfiado, pero poco más. La entidad dejaba a sus clientes solos en la bóveda, tras asegurarse de que no portaban nada sospechoso. En aquellos meses de frío y húmedo invierno londinense, Tucker no llevaba nada más que el inevitable paraguas de esas latitudes. Suficiente para que,

una vez dentro, le sirviese de metro para tomar las medidas de la cámara. También calibró el tamaño de las baldosas cuadradas e hizo la multiplicación necesaria para hallar la superficie. Nunca olvidemos el valor de la educación primaria.

Una vez dibujado el mapa de la estancia, con la posición de las cajas fuertes y de los armarios, Gavin y Tucker pasaron a

La parada de metro de Baker Street es una de las más populares de Londres.

la siguiente fase: necesitaban nuevos socios, conocedores de las tareas que les aguardaban. Sumaron a otro vendedor de coches, Thomas Stephens, encargado de adquirir la maquinaria pesada para practicar el túnel. Al joven Bobby Mills lo contrataron como vigía y misiones de información; otro, Skinny Gervaise, lo firmaron como experto en explosivos, algo imprescindible cuando se trata de excavar bajo tierra. Hubo también otras personas, que no se llegaron a identificar. Y hubo otra persona, con un papel aparentemente secundario, pero imprescindible: Benjamin Wolfe, que regentaba una tienda de chucherías para niños, era la cara respetable que necesitaban para empezar a cavar.

UN BUEN PLAN... Y ALGO DE SUERTE

Junto al Lloyds Bank se hallaba una tienda de comida rápida, Chicken Inn, que funcionaba bien. Adyacente a esta última se hallaba la tienda de artículos de cuero Le Sac, en el 189 de Baker Street. Sus propietarios querían traspasarla y Gavin estuvo atento para hacerse con ella. No fue él, claro, quien firmó el contrato de arrendamiento del local, sino Wolfe. El edificio contaba con un sótano que estaría al mismo nivel que la bóveda del banco. Así que el plan era *sencillo*: excavar hasta llegar al sótano de la tienda de pollos, luego bajar y utilizar el encofrado de ese sótano como techo del túnel –un evidente ahorro en seguridad– y llegar por abajo hasta la bóveda de Lloyds.

Por supuesto, no todo iba a ser coser y excavar. El principal problema sería evitar las alarmas por vibración en el suelo de la bóveda. El trasiego de las excavaciones podría activarlas. Pero la suerte –o una buena planificación– ayudó a los planes de Gavin. Un chivatazo de alguien de dentro de la empresa

Uno de los inspectores de la policía británica inspecciona el Lloyds Bank en la mañana de 13 de septiembre.

de seguridad del banco les informó de que el banco había desactivado la alarma por vibración, debido a las obras en la calzada que se estaban acometiendo, ya que se habían producido varias falsas alarmas.

En agosto de 1971, durante un puente vacacional, el grupo comenzó a horadar el túnel. En lo sucesivo, solo excavaron durante los fines de semana, para minimizar los riesgos de ser escuchados. Bobby Mills se apostaría sobre una azotea cercana, con un *walkie-talkie* en la mano, por si avistaba algo sospechoso.

CÓMO CAVAR UN TÚNEL

En las semanas siguientes, la pandilla trabajó duro hasta altas horas de la madrugada. Para salvar los bajos de la tienda de pollos tenían que salvar una distancia de unos diez metros, más los muros del banco. Fue un proceso agotador, en el que Gavin perdió cerca de 13 kilos. Ni en sus tiempos de instructor militar estuvo tan activo, pero la motivación ahora era mayor. Se generaron unas ocho toneladas de escombros, que se fueron acumulando en una habitación trasera del comercio alquilado.

Cuando el túnel alcanzó los 12 metros , decidieron que era el momento de ascender. Les separaban cinco metros de la base de la cámara de seguridad, y una vez horadados, se encontraron con una base de un metro de hormigón. Era

ya el viernes 10 de septiembre, momento de emplear el gato hidráulico de 100 toneladas. Sin embargo, se demostró inútil para ese cometido. Dieron paso a una lanza térmica, con la intención de cortar el suelo; tampoco sirvió. Llegado ese punto, solo quedaba emplear la fuerza (más) bruta: explosivos. Suponían un riesgo, pero no quedaba otra opción. Perforaron agujeros en la parte inferior del suelo y los llenaron con gelignita (un explosivo gelatinoso empleado en minas para rocas muy duras, creado en 1875 por Alfred Nobel).

Dos policias custodian la entrada a la tienda Le Sac, desde donde se produjo el robo al Lloyds Bank (al fondo, tras el Chicken Inn).

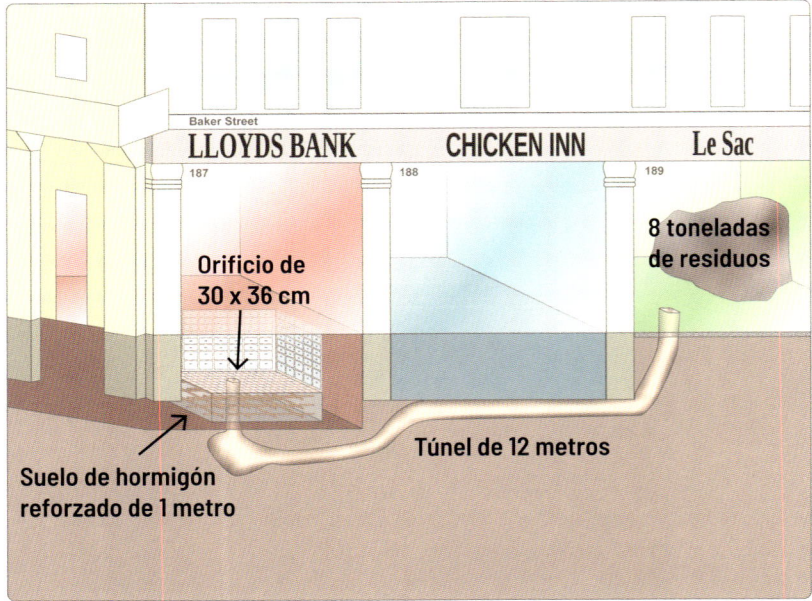

Ya era sábado cuando la banda coordinó la detonación de los explosivos con el tráfico de la zona para enmascarar el ruido. El resultado fue óptimo: se abrió un boquete que llevaba al objetivo: la bóveda del Lloyds.

MIENTRAS TANTO...

Dejemos el mundo subterráneo y cerrado y vayamos a la superficie y a la libertad total con que se mueven las ondas en el aire. Y a esos sucesos azarosos que marcan el destino, a menudo protagonizados por personajes secundarios, incluso oscuros, que tan solo pasaban por allí. Es el caso de Robert Rowlands, un funcionario británico con escasa vida social, que se pasaba las horas muertas entretenido con su estación de radioaficionado. Aquella noche de sábado se preparó su cena y se sentó a escuchar las conversaciones que le permitía su emisora; una práctica sancionable, por cierto. Un pecado venial, en este caso. En su repaso a las ondas escuchó una transmisión que le llamó la atención: no era la típica conversación morosa, sino algo vibrante y apasionado. Eran unos hombres que hablaban... de un robo. De uno que estaban perpetrando en esos mismo momentos.

Rowlands vivía a 800 metros del Lloyds Bank. Escuchaba a Mills y el resto de ladrones discutir en directo los pormenores del robo, todo un privilegio desde un punto de vista histórico. Y también una gran oportunidad para demostrar que era un ciudadano responsable, cosa que hizo. Llamó a la policía y les contó la escena de la que era inesperado espectador. El agente de turno se lo tomó

«¿Quién cometió un error?», titulaba este diario londinense el 14 de septiembre. Algunos periódicos señalaron a la policía por lo que consideraban un extraño proceder tras el robo.

como se toman esas cosas los agentes de turno a medianoche: a broma. Le pidió algo más que esas palabras suyas de denuncia: unas grabaciones, por ejemplo. Ya de madrugada, a las 2:00, Rowlands contaba con suficiente material y llamó directamente –recordemos que hablamos de un robo con aliento *holmesiano*– a Scotland Yard. Ellos sí, entonces, enviaron una patrulla a su casa y constataron lo que era evidente: *se estaba escribiendo un crimen*. Y en un banco.

ESTRECHANDO EL CÍRCULO

Quizá, incluso, hasta un tal inspector Lestrade estuviera al cargo de aquella Yard setentera, o alguien cuyo apellido fuera un anagrama. Porque lo cierto es que procedieron de una manera sorprendente: en un radio de 13 kilómetros a la redonda desde la casa de Rowlands, cuando el alcance de su emisora, con respecto a la calidad de la escucha, era menor. Ese amplio círculo de búsqueda contaba con 750 bancos en su interior. La policía fue entrando en ellos, acompañada de los gerentes de cada entidad.

La sucursal de Lloyds en Baker Street fue visitada a las 15:30 p. m. del domingo 12 de septiembre. Unos agentes bajaron hasta la bóveda de seguridad con los responsables del banco. Allí se encontraron la puerta de la cámara en perfecto estado, bloqueada por una cerradura de tiempo (programada para no abrirse hasta el siguiente día festivo). Con eso les bastó, se quedaron tranquilos, irían al siguiente banco. Pero, dentro, los ladrones contenían la respiración.

Allí habían abierto 268 cajas de seguridad de las cerca de un millar que albergaba la bóveda. El botín –que se desconoce exactamente– se acercaba a los

> Los diarios criticaron la falta de diligencia policial, primero por no hacer mucho caso de las indicaciones de Rowlands y, luego, por abrir demasiado el radio de búsqueda.

3 millones de libras esterlinas de entonces (unos 45 millones de hoy). Y, antes de salir, los ladrones garabatearon una lacerante, pero bien traída, frase en la pared:

A VER SI SHERLOCK HOLMES RESUELVE ESTO

UN DESENLACE...

Y no, claro que no lo resolvió, porque Sherlock Holmes no existe. Y Scotland Yard no lo hizo mal del todo: ya está la realidad arruinando una graciosa historia. En primer lugar, hay que irse a la mañana del 13 de septiembre, lunes laborable, para ver las caras de asombro de los responsables del Lloyds Bank al abrir su bóveda de seguridad: el gordo de la lotería del robo les había tocado a ellos. La policía encontró la lanza térmica, los *walkie-talkies* y otras herramientas. Los forenses examinaron unas 800 pruebas y determinaron que los ladrones, al menos los relacionados con esas pruebas, eran cuatro hombres y una mujer.

Lo primero, y más fácil, fue dar con el arrendador, Benjamin Wolfe, que había alquilado con su propio nombre. Él afirmó que no sabía nada, que alguien le había dado ese dinero para hacerse con el local. Con este cabo, fueron identificando a Gavin, Stephens y Tucker, dejándolos hacer para que sus movimientos les llevasen hasta otras piezas. Al final, los detuvieron a ellos cuatro más a otros dos hombres.

Se celebró un juicio en enero de 1973, en el que Stephens, Tucker y Gavin recibieron sentencias de 12 años cada uno; Wolfe fue condenado a ocho años de reclusión, menos que los demás debido a su edad. Los otros dos colaboradores, encargados de trasladar parte del dinero, salieron libres.

¿Caso cerrado? Para nada. Se abría otra caja peligrosa: la de las especulaciones.

... PERO NO UNO DEFINITIVO

Desde un primer momento los diarios criticaron la falta de diligencia policial, primero por no hacer mucho caso de las indicaciones de Rowlands y, luego, por abrir demasiado el radio de búsqueda. Es cierto que el día del atraco se impuso un bloqueo informativo sobre los mensajes grabados de radio, para evitar que los ladrones supieran que la policía había escuchado sus conversaciones, pero se levantó el lunes 13 de septiembre.

Quizá eso se confundiese con lo que algunos clamaron después: que el Gobierno emitió una «Notificación D» hacia los medios, una solicitud que posibilita el embargo de noticias por razones de seguridad nacional. No hay constancia de ello; sin embargo, este rumor desató otro. Que Scotland Yard recibió órdenes sobre cómo actuar para no entorpecer una supuesta investigación a cargo de instancias superiores (quizá el MI5, el servicio secreto británico).

Supuestamente, lo que querrían tapar era la existencia de unas fotografías comprometedoras, de carácter sexual, de la princesa Margarita, la hermana de la reina Isabel II, con un conocido actor. Otros dicen que los ladrones hallaron un libro de contabilidad con anotaciones de sobornos a diversos miembros de la policía londinense. Esos pagos habrían sido realizados por un mafioso involucrado en el negocio de la pornografía ilegal y de locales de alterne. No se llegó a evidenciar la existencia de aquel cuaderno, pero curiosamente hubo una serie de sorprendentes renuncias entre altos cargos policiales –cuya reputación ya era dudosa– en los meses que siguieron al robo.

En cualquier caso, las sospechas sobre *la verdad* del robo del Lloyds se extendieron como un aceite sucio en el imaginario colectivo británico y aún llegan hasta nuestros días en forma de películas y series. No hay nada que nos guste más que un caso sin resolver. Como a Sherlock Holmes, queridos Watsons.

SIN ARMAS, SIN ODIO, SIN VIOLENCIA Y CON JOYAS

PARECÍA UN BANCO INEXPUGNABLE... PERO NO

Por más que un banco se crea protegido por gruesas paredes de hormigón, todo se puede ir al traste si alguien habla de más. Este caso es una buena muestra de ello. En pleno corazón de la lujosa Niza se desvalijó una cámara acorazada... Solo había que estar atentos al subsuelo.

📍 **Banco Société Générale, Niza, Francia.**

🔍 **Oro, joyas, billetes y títulos al portador.**

📅 **16/7/1976**

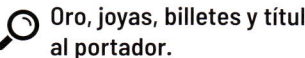

💡 **Un equipo de unos 15 ladrones, comandado por Albert Spaggiari.**

Niza

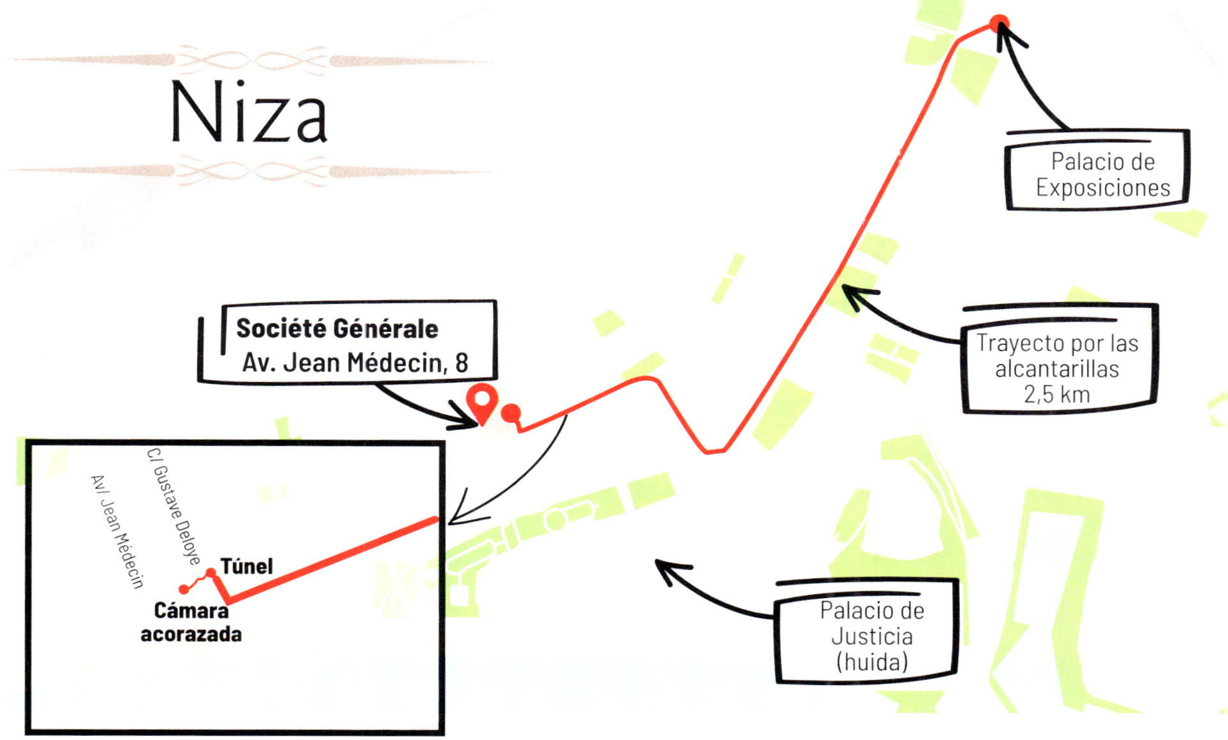

Société Générale
Av. Jean Médecin, 8

C/ Gustave Deloye
Av. Jean Médecin

Túnel

Cámara acorazada

Palacio de Exposiciones

Trayecto por las alcantarillas 2,5 km

Palacio de Justicia (huida)

ACERCARNOS AL ROBO de la Société Générale de Niza es, en buena medida, acercarnos a la vida de Albert Spaggiari, autoproclamado cerebro –aunque esto último, con ciertas dudas– del atraco que horadó los cimientos –perdón por el espóiler– de este histórico banco francés. Siguiendo su biografía nos cruzamos con varios hitos de la historia francesa de mediados del siglo xx. De este caso nos separan ya varias décadas y, sin embargo, en los últimos años han aparecido nuevas informaciones que pueden cambiar la interpretación de los hechos. No obstante... empecemos por el principio.

DE OFICIAL A LADRÓN

Spaggiari, como bien nos sugiere su apellido, era hijo de una familia franco-italiana. Nació en 1932 y tres años después se quedó huérfano de padre. Su madre, para salir adelante, montó una lencería en la ciudad de Hyères. No sabemos si Albert fue un niño que tuvo que pasar mucho tiempo solo; pero todo apunta a que espabiló rápido, a que se crio en la calle y en ella se desenvolvía con la soltura y desparpajo –desde un punto de vista benevolente– que demostró en su edad adulta. Con 16 años se escapó de casa para pasar un tiempo con el bandido e independentista siciliano Salvatore Giuliano –*el último bandolero*, como lo llamaron–, bajo cuya tutela aprendería mucho –quizá demasiado y quizá demasiado bien– del inframundo criminal, de cómo sobrevivir en los márgenes de la ley.

Salvatore G uliano (1922-1950) fue una auténtica leyenda en Sicilia. Campesino reconvertido en bandido, resultó muy popular durante la Segunda Guerra Mundial, cuando sus paisanos lo compararon con una espec e de Robin Hood.

> *Spaggiari entró en la OAS, un grupo terrorista de extrema derecha que se oponía a la independencia de Argelia y que consideraba a De Gaulle un traidor.*

Spaggiari no dejaba lugar a las dudas: era un tipo de acción y de emociones fuertes. Su ciudad en la idílica Costa Azul francesa se le quedaba pequeña, por no mentar la tienda de lencería de su madre, incapaz de ofrecerle las aventuras que su talante le pedía. Así que antes de cumplir los 18 años se alistó con los boinas rojas, los paracaidistas de la Legión Extranjera francesa, rumbo a la Indochina francesa, donde se libraba entonces una cruenta guerra por la independencia de la colonia.

¿Hizo el horror de la guerra estragos en la moral de Spaggiari? Por dos veces sufrió heridas durante la batalla; fue hospitalizado y condecorado. Y en el selvático y sudoroso trópico dio rienda suelta a su instinto criminal –sin sangre, eso sí, para eso estaba la guerra–: en 1953 roba la caja registradora de un bar de Hanói, donde le habían tratado mal. Y eso no se le hacía al impulsivo Albert. Lo arrestaron y lo condenaron a cinco años de trabajos forzosos y fue expulsado del país, con la prohibición de no regresar a Indochina durante 20 años. Posiblemente no tuviera ganas de hacerlo.

En Francia ingresó en una cárcel de Marsella, donde aprendió un oficio que no le vendría nada mal: calderero y soldador. Unos cursos muy oportunos para un futuro desvalijador de bancos. Cuando salió, encontró trabajo en una empresa del sector de la seguridad, fabricante –¡ay, ay!– de cajas fuertes. Aprendió a fabricar muebles metálicos y, en ocasiones, hubo de abrir los cofres con un taladro o un soplete para los clientes que habían perdido las llaves. Dan ganas de decir que él no fue un ladrón, que fue el mundo quien le hizo así.

La Guerra de Indochina (1946-1954) fue un conflicto colonial que enfrentó a Francia contra el Viet Minh de Ho Chi Minh (en la foto), que reclamaba la independencia de la Indochina francesa (hoy Camboya, Laos, y Vietnam).

Hacia 1960, Spaggiari entró en la OAS (Organización Secreta del Ejército), un grupo terrorista de extrema derecha que se oponía a la independencia de Argelia y que consideraba al general y presidente francés Charles De Gaulle un traidor. Sus ideas reaccionarias lo acompañaron a lo largo de su vida y pautaron su comportamiento futuro. En 1962 la policía encontró armas y municiones en su domicilio, por lo que pasó tres años en la cárcel. No acababa de asentarse Spaggiari. Con poco más de 30 años había vivido demasiadas vidas. Pero quedaban más.

La OAS y De Gaulle

Argelia era una colonia francesa desde 1830. Tras la Guerra de Indochina, muchos soldados argelinos del Ejército francés creyeron que había llegado el momento de luchar por la independencia de Argelia. Entre 1954 y 1962 se libró un enfrentamiento entre ambos bandos. En Francia fue calando la idea de que habrían de abandonar la colonia. Se llevó a cabo un referéndum de autodeterminación, instado por el Gobierno de Charles De Gaulle. Los grupos opositores más radicales, sobre todo los de franceses nacidos en Argelia, se fueron agrupando en torno a la OAS, que llegó a contar con más de un millar de hombres armados y 3000 militantes. Sus actos violentos fueron derivando en un terror cada vez más indiscriminado, tanto en Argelia como en Francia. Entre el 19 de marzo y el 31 de diciembre de 1962, unos 2700 civiles fueron secuestrados, torturados, asesinados o hechos desaparecer. En abril de 1961, un grupo de generales llegó incluso a ejecutar un golpe de Estado en la propia Argelia, aunque fracasó en su intento.

Tras la independencia argelina, muchos miembros de la OAS se refugiaron en la España franquista. Fue el propio Spaggiari quien dijo que le encargaron el asesinato de De Gaulle y que lo tuvo en su punto de mira, pero que le negaron disparar en el último momento. ¿Realidad o vanidad?

El presidente francés Charles de Gaulle.

SURGE LA IDEA

Hizo propósito de enmienda, eso sí. Abrió una tienda de fotografía en Niza, en el céntrico *boulevard* René Cassin. Y le fue bien: no dudamos de su calidad ni de su desenvoltura, de eso ya hablamos. Consiguió ser un fotógrafo habitual en las bodas celebradas en el ayuntamiento nicense, lo cual le procuró unos buenos contactos. Vivía holgadamente, con su mujer, en una casa en la ladera del monte Cheiron, a las afueras de la ciudad, a la que bautizó como «Los gansos salvajes», declarado homenaje a una canción de la Legión Extranjera (la última 'S', al parecer, dibujada al estilo de las del logotipo de las SS alemanas, en otro en otro homenaje de peor gusto). Allí recibía de cuando en cuando a antiguos compañeros militares, a buen seguro relacionados, como él, con la proscrita OAS. Cuando podía, se paseaba por el lujoso puerto de Niza –tan repleto hoy como ayer de yates de postín– con trajes caros, gafas de sol y fumando valiosos habanos. Era un *bon vivant*, sin duda… Pero no tanto como a él le gustaría. Si acaso, su vida se circunscribía más a la del típico burgués. Algo que, bien pensado, para un tipo como él resultaría entre humillante y aburrido.

Así que a mediados de 1970, bien por su existencia demasiado pacífica, bien por la crisis de los 40, algo empezó a cuajar en su cerebro: la vida sería mejor atracando un banco. Que hacerse rico trabajando es un tostón.

La chispa que todo lo enciende surge de una conversación con el típico empleado *bocazas* del banco en cuestión, la Société Générale, que además era concejal del ayuntamiento. *¿Sabes, Albert? La cámara acorazada de mi banco no tiene sistema de seguridad, porque con sus paredes de 1,8 metros de hormigón ya es suficiente.* A Spaggiari, que por entonces leía una novela de suspense en la que unos ladrones empleaban las alcantarillas para atracar un banco, se le encendió una luz. Una potente, como la de un faro que atraviesa la niebla.

Exterior de la Société Générale en Niza.

Acceso al túnel de ocho metros con el que la banda de Spaggiari logró acceder a la cámara acorazada del banco.

CÓMO ATRACAR UN BANCO

El primer paso fue alquilar una caja fuerte en dicha cámara acorazada. En ella, entre otros objetos para distraer, colocó un despertador, de esos ruidosos y que vibran, programado para sonar de madrugada. Objetivo: descartar que hubiera sistemas de detección (sísmicos o acústicos) en el interior de la cámara. Si eso sucediese a diario, lo descubrirían y se lo dirían. Sencillo, pero brillante.

Aún estamos lejos del golpe, a más de dos años. Hay otros frentes que cubrir. Por ejemplo, por dónde acceder al alcantarillado sin levantar sospechas. Y descubre un lugar oportuno en las inmediaciones del nuevo Palacio de Exposiciones de Niza, donde el río Paillon se soterraba, a unos dos kilómetros de su objetivo. Desde allí llegarían a la entrada del banco situada en la calle Gustave Deloye, el mejor punto para empezar a excavar un túnel que los llevara hasta el interior de la cámara. Algo imposible, ni siquiera de concebir, para la mayoría de nosotros, pero todo un reto para alguien de la estirpe de Spaggiari.

No se sabe con exactitud a cuántos hombres reclutó; de diez a quince hombres es lo más probable, antiguos compañeros de armas suyos y *profesionales* del hampa. El 7 de mayo de 1976 comenzaron los trabajos. Cada madrugada, la banda entraba en las cloacas a través del desagüe junto al Palacio de Exposiciones. Cargados con el equipo, recorrían el trayecto hasta el túnel, donde pasaban horas y horas excavando en el duro suelo de roca y tierra compacta. Entre sus herramientas se contaban taladros, cinceles, un enorme gato hidráulico, sopletes, bombonas de oxígeno a presión y –*la joya de la corona*– una lanza térmica para fundir el hormigón, cuando tocase enfrentarse al muro final.

Cada día, el equipo horadaba entre 10 y 20 centímetros. Tenían que atravesar ocho metros hasta el punto de inicio del suelo de la cámara acorazada del banco. Entre aquellos hombres había especialistas en el movimiento de tierras, que procuraron ventilación y electricidad al túnel. Su esfuerzo estaba fuera de dudas, pero por si acaso, Spaggiari impuso unas normas espartanas: nada de alcohol, nada de café, nada de trasnochar –ya lo hacían bajo tierra– y diez horas de sueño al día. Solo cava bien quien descansa bien.

EL ASALTO

Había una fecha marcada para llegar a la cámara acorazada: el largo fin de semana de la fiesta nacional francesa, entre el viernes 16 y el domingo 18 de julio de 1976, resultaba propicio. En el corazón del verano y con el puente más importante del año era de prever que la seguridad estuviese algo más relajada.

Pero un par de semanas antes, un gran susto. El presidente francés, Valéry Giscard D'Estaing, visitaba Niza el día 9. Los agentes de seguridad llegaron unos días antes para revisar la ciudad y el itinerario del mandatario. Pese a que cada noche camuflaban la zona de entrada al túnel, estaban en riesgo de ser

descubiertos. Las excavaciones se suspendieron durante unos días. Quizá la policía no pasó por allí, o quizá el camuflaje fuese perfecto: el día 10 todo estaba en orden –para ellos– y retomaron el trabajo.

A las 21:30 horas del viernes 16 de julio cayó el último trozo de muro que daba acceso a la cámara. Los ladrones entraron por una pared –no por el suelo– y emplearon el gato hidráulico para tirar el armario de cajas de seguridad que les impedía el paso. Imaginemos el ruido que hizo al caer, música para ellos, únicos oyentes de esa partitura y espectadores de un paisaje idílico. La principal cámara acorazada de una ciudad ubérrima como Niza, sola para ellos durante algo más de 48 horas. Un edén.

Allí había unas 4000 cajas. La resistencia de muchas de ellas conllevó que solo pudieran abrir 371. Emplearon grandes sopletes con sus botellas de acetileno, palancas y hasta el gato hidráulico. Se llevaron joyas, lingotes de oro, bonos al portador y todo tipo de valores, por un montante de entre 50 y 60 millones de francos de la época. La propaganda favorable a Spaggiari dice que dio orden de solo llevarse el contenido de las cajas con más de 30000 francos; que no iba contra los ahorradores más humildes, solo contra los ricos. ¿Nos lo creemos?

Lo que sí parece cierto es que Spaggiari llevó paté y vinos caros para celebrar, allí mismo, el éxito de su empresa. No en vano, pasaron casi tres noches allí dentro y tenían metálico para gastarse.

El botín lo cargaban en bolsas de plástico selladas que subían a bordo de balsas hinchables; estas las llevaban, flotando por el agua pestilente de las cloacas, hasta el exterior, donde otros miembros del equipo esperaban a las balsas y

Panorama de Niza y de su lujoso puerto.

Un eslogan para la historia

Antes de salir de la cámara acorazada, Spaggiari dejó escrita en tiza, en la pared del armario que contenía las cajas fuertes, una singular frase: «Ni armas, ni violencia y sin odio». Según parece, Albert pidió a sus compañeros que repasasen su frase para así evitar un análisis grafológico. Y, en efecto, la frase no ayudó a la policía, pero se hizo célebre, no solo en el mundo del crimen, sino en la sociedad en general.

En febrero de 2018, Jacques Cassandri, un capo del hampa marsellesa, se proclamó el verdadero cerebro del robo -una vez que el delito había prescrito- cuando publicó, bajo seudónimo, el libro titulado *La verdad sobre el robo de Niza*, en el que declaraba haber sido el cerebro de ese golpe, y que Spaggiari no fue más que un simple ejecutante del equipo. De nuevo, ¿realidad o vanidad?

llevaban el botín a un lugar seguro. Tampoco olía nada bien mucho de lo que encontraron en los cofres. Hallaron varias fotografías comprometedoras –algunas, pornográficas– de algunas de las personas más notables de la ciudad; documentos que esperaban ser publicados cuando más daño hicieran, o que valían su peso en oro mientras se mantuvieran fuera de la circulación. No solo de oro viven los poderosos. Spaggiari ordenó que las pegasen en la pared de la cámara, para que pudieran ser vistas por quienes más tarde entrasen allí.

Hacia las dos de la mañana del lunes 18, la banda desalojó el lugar. Hubieran podido estar un par de horas más hasta la apertura del banco, pero había llovido esos días y las aguas de las cloacas habían subido, real y metafóricamente, hasta el cuello de los ladrones.

NI SOSPECHOSOS, NI BOTÍN Y SIN CULPABLES

El reparto lo hicieron en una villa a las afueras de la ciudad, propiedad de la entonces pareja de Spaggiari. También fue sin armas, ni violencia, y con todo el cariño que se habían tomado esas semanas juntos.

El descubrimiento del robo causó sensación en toda Francia. Como era de esperar, los periódicos se llenaron de titulares con la expresión «el robo del siglo» (que el lector elija el suyo, en este libro hay unos cuantos). La Gendarmería carecía de pistas. Su único éxito, semanas después, fue encontrar

A la derecha, retrato de Albert Spaggiari, en 1977.

una casa abandonada en Castagniers, a diez kilómetros de Niza, donde encontraron armas y ropas con tierra similar a la del subsuelo del banco; habían dado con la base de operaciones del grupo. Pero nada más.

La primera pista la dio el propio Spaggiari, producto de un exceso de confianza. En un viaje a Estados Unidos tuvo la idea de ofrecer sus servicios como agente a la CIA –¿cómo lo hizo?, ¿de veras estaba tan aburrido como para pensar en ganarse la vida así? Esas cosas nos siguen fascinando– para, por ejemplo, forzar embajadas, y con ese fin se presentó como el autor intelectual del ya célebre atraco en Niza. La CIA no se dejó impresionar pero hizo algo por él: alertar a la policía francesa.

A la Gendarmería le costó creer que aquel tipo, del que no tenían ficha policial, y que oficialmente seguía siendo un respetable fotógrafo nicense, hubiera comandado aquella banda, que creían formada por veteranos y curtidos ladrones a nivel internacional. Pero, al poco, detuvieron a dos de los ladrones cuando intentaban vender sus lingotes numerados. *No es lo que robas, es lo que acabas sacando por ello*, debe de decir –seguro– alguna máxima del hampa. Y estos dos tipos acaban delatando a Bert, como le llamaban.

Así que cuando Albert regresa de un viaje de Japón –como fotógrafo oficial del alcalde de la ciudad... lo cual despierta algún que otro recelo–, la policía lo detiene. Encuentra en su casa del monte Cheiron varias armas de guerra, cargadores y municiones, granadas, detonadores, explosivos y seis millones de liras. De primeras, como manda el manual del ladrón, lo niega todo; pero acaba confesando participar en el robo. Primero, como uno más; luego se autoproclama el cerebro del golpe. Se excusa, eso sí, en que el objetivo del golpe era financiar a una organización política secreta de carácter anticomunista llamada *La Catena* («la cadena»), de la que no se encontró ningún registro. Era, a todas luces, un señuelo para ganar tiempo.

UNA HUIDA A... ¿UN LUGAR MEJOR?

Mientras se instruía el juicio, Spaggiari fue puesto entre rejas. Y a la sombra, si algo hay, es tiempo para pensar. En una huida, por ejemplo. Sobre todo, si cuentas con la ayuda de antiguos miembros de la OAS, como era el caso. Así que bajo la excusa de revelar nuevos datos al juez, Albert fue conducido al Palacio de Justicia de Niza, donde le esperaba el juez. Le entregó unos bocetos, convenientemente incomprensibles. Cuando Spaggiari se levantó para explicárselos, se dirigió hacia la ventana, se alzó sobre el alféizar y saltó. Fueron siete metros, pero cayó sobre un coche. Abajo le esperaba un hombre en una motocicleta y se perdieron por las callejuelas de la ciudad, lejos de la mirada atónita del juez y del gesto circunspecto de su abogado.

Fue la última vez que la justicia supo de él. Al menos, de la forma que a la justicia le gustaría. Unos días después envió a nombre del propietario del Renault 6 averiado un giro postal de 5 000 francos «por los desperfectos».

Spaggiari pasó el resto de su vida entre Sudamérica, España e Italia, aunque se cree que, en ocasiones, volvió a Francia a visitar a su madre y a su novia. Uno de sus nombres falsos era Romain Clément, probablemente en alusión al nombre falso con que se ocultó en Buenos Aires el infame Adolf Eichmann (el funcionario nazi de las cámaras de gas, el de la *banalidad del mal*). En 1978 se sometió –como tantos otros de su gremio– a cirugía estética en Argentina para cambiar de aspecto. En Río de Janeiro coincidió y se fotografió junto a Ronnie Biggs, otro célebre ladrón (el del tren de Glasgow).

Palacio de Justicia de Niza. En el punto rojo, lugar desde el que Spaggiari saltó a la calle. Abajo le esperaba una motocicleta pilotada por un cómplice.

Albert Spaggiari, esposado, es dirigido a las inmediaciones de la Société Générale, para dar indicaciones sobre el robo de su banda, en 1976.

En 1979, tras un pacto secreto con una editorial, publicó su autobiografía, titulada, no sin sorna, *Las alcantarillas del paraíso*. En el libro detalló los pormenores del robo y afirmaba que no se había quedado nada del botín, porque lo había enviado a «la gente oprimida de Yugoslavia, Portugal e Italia». Todo aquello, en un intento de hacerse pasar por un nuevo Robin Hood. Hubo quien se lo quiso creer.

De vez en cuando, Spaggiari enviaba fotografías a a la prensa: se había convertido en un provocador, para disgusto de la policía, a la que envió una postal navideña disfrazado de Papá Noel. También concedió alguna entrevista para contar, otra vez, cómo fue el robo. En 1979 fue condenado a cadena perpetua en rebeldía, mientras que los cómplices recibieron ocho años de prisión. Según unos documentos desclasificados de la CIA, Spaggiari, durante esos años en cladestinidad, colaboró con los servicios secretos de las dictaduras militares que se instalaron en diferentes países de Sudamérica, como la de Pinochet en Chile, la de Videla en Argentina y la de Alfredo Stroessner en Paraguay.

Con el paso de los años, Bert y su robo fueron *pasando de moda*; solo era recordado en los círculos de extrema derecha, donde se convirtió en una especie de leyenda. Cada vez le resultaba más complicado financiarse vendiendo exclusivas o libros. Con problemas de salud, su último refugio fue en una granja al norte de Italia. Falleció de un cáncer de garganta en 1989, pero incluso en su muerte no pudo evitar –lo quisiera o no– un toque rocambolesco. Murió acompañado de su esposa, quien introdujo su cadáver en una autocaravana y lo llevó, cruzando la aduana sin levantar sospechas. Unos días después dejó el cuerpo frente a la casa de la madre de Albert, en Hyères.

Entonces sí, descansó, quizá en paz.

EL ASALTO AL BANCO CENTRAL EN BARCELONA

UN HITO CONFUSO EN LA TRANSICIÓN ESPAÑOLA

Uno de los robos más famosos en las últimas décadas en España se trata de un asalto... ¿frustrado? Hay más sombras que luces en este caso que sigue dando que hablar. ¿Qué buscaban los ladrones? ¿Dinero? ¿Información? ¿Se llegó a robar algo? Lo cierto es que, durante dos días, todo el país contuvo la respiración, hasta que un grupo de élite consiguió la liberación.

 Banco Central, Barcelona, España.

📅 23/5/1981

 Dinero e información reservada.

 Un equipo de unos 11 secuestradores, comandado por José Juan Martínez Gómez.

ESPAÑA, EN 1981, era un país en transición, en su Transición. Justo tres meses antes de este convulso atraco, un grupo de militares había dado un golpe de Estado, que fracasó. Pero el país seguía en estado de alarma, aún había recelos, la sensación de que había mucho cogido con pinzas, de que la nueva democracia todavía estaba por cuajar. Por eso, cuando la mañana del 23 de mayo las radios daban la noticia del asalto al Banco Central, en el corazón de Barcelona, nadie sabía muy bien en qué podía acabar aquel acto. ¿Qué querían aquellos encapuchados que amenazaban las vidas de más de 300 rehenes?

UNA NO TRANQUILA MAÑANA DE PRIMAVERA

Eran las 9:15 de la mañana de un sábado en el que los comercios de la populosa plaza de Cataluña se desperezaban, mientras incluso algunos jóvenes con ganas de marcha volvían a sus casas. Barcelona también tenía su *movida* aquellos primeros años de aire fresco tras 40 años de dictadura.

Sigamos los pasos de un barcelonés madrugador, con asuntos pendientes en uno de los bancos de la zona. Es el pequeño Wall Street de Barcelona, había varias sucursales para elegir. Este hombre pasa de largo la puerta del Banco Central. Por fortuna, no es en el que tiene sus ahorros. Pero le da tiempo a observar a un joven a punto de entrar en ese edificio. Algo, claro, le llama la atención: lleva una metralleta en sus manos. Apenas entra a su banco, da la voz de alarma: «¡Están atracando el Banco Central!».

En realidad, los atracadores están preparados para entrar desde hace diez minutos, pero justo cuando iban a irrumpir llegó un furgón blindado para

Las fuerzas del orden público toman posiciones frente al Banco Central.

descargar dinero. Prefieren esperar para evitar un enfrentamiento indeseado. La paciencia también la tienen entrenada. Son un grupo disciplinado, casi militar, que lleva tiempo preparando el asalto. Se va el furgón, cruzan unos transeúntes, algunos van a los bancos aledaños. Es el momento.

A las 9:18, la policía recibe una comunicación anónima: en el número 23 de la plaza de Cataluña se está cometiendo un atraco. Los coches radiopatrullas más cercanos comprueban que, en efecto, se está llevando a cabo un robo con intimidación. A través de las ventanas de la planta baja observan a varias personas con las manos en alto. Un tiro desde dentro les indica que han sido vistos, que se vayan. Lo hacen y dan parte: se activa el dispositivo antiatracos establecido para estos casos.

¿QUÉ BUSCAN LOS DELINCUENTES?

A los diez minutos del inicio del asalto, la policía ocupa la plaza de Cataluña y alrededores. Son 15 coches y dos furgonetas, a los que se suman agentes que acordonan la zona y cortan el tráfico en las calles Pelayo, Ramblas y Rivadeneyra. A la par, los asaltantes disparan, desde el primer piso del edificio, ráfagas de metralleta contra los policías.

Dentro se acumulan unos 300 rehenes. Son unos 250 empleados más los clientes. Han visto cómo unos 15 encapuchados han entrado disparando sus armas contra el techo. Han oído ese estruendo, algunos se han escondido en los baños, otros se han tirado al suelo, formando una auténtica alfombra humana. Algunos atracadores encañonan a los rehenes: «¡Como te muevas, te mato!»,

¡COMO TE MUEVAS, TE MATO!

El cabecilla del asalto, José Juan Martínez Gómez, en la fotografía de su ficha policial.

les espetan. Colocan a unos cuantos en las ventanas, formando un parapeto humano. Las órdenes parecen salir de uno de ellos, el encapuchado «Número Uno», así lo llaman. Tienen pintado un número sobre sus capuchas y de esa manera se interpelan. Liberan a un rehén, herido de bala en una pierna adrede. Es un aviso de que van en serio. Este informa de que han colocado explosivos en las ventanas y en distintos puntos del edificio. Puede ser una masacre.

Pero... ¿qué son, qué quieren esos hombres? Se dice en un principio que son militantes de la extrema derecha y que hay guardias civiles. ¿Hay resonancias golpistas? ¿Está de nuevo en peligro la joven democracia española? Los asaltantes entablan conversación con las autoridades y con los medios de comunicación y exponen sus exigencias: dos aviones, uno para llevar desde Barajas a Argentina a cuatro militares implicados en el golpe de Estado del 23 de febrero y otro en El Prat para su propia huida. Pretenden, dicen, «reivindicar el buen nombre de los implicados en los sucesos del 23 de febrero y terminar con el terrorismo rojo y la destrucción de España». Si sus demandas se incumplen en las siguientes 72 horas, matarán a diez rehenes; luego, cada dos horas más que pasen, ejecutarán a otro. ¿Quién se atreve a comprobar si es un farol?

Toda España contiene la respiración. Esa Transición parece interminable.

APARECEN LAS DUDAS

A mediodía liberan a una veintena de rehenes, los más afectados. Hacia las 19 horas se intenta una negociación cara a cara. Tres autoridades de la policía y de la Guardia Civil se acercan a la puerta, donde hablan durante menos de diez minutos. Unos minutos después salen otros 30 retenidos. Cuando llega la noche, unos integrantes de la Cruz Roja depositan varios paquetes con comida en la puerta del Banco Central. También les entregan revistas, un televisor y un aparato de radio.

Sobre esas horas, llega un comunicado del tristemente célebre Antonio Tejero: «Desautorizo rotundamente la utilización de mi nombre en cualquier actuación dirigida contra víctimas inocentes. Igualmente rechazo de antemano cualquier maquinación que pretenda mi liberación». Asimismo, se les hace llegar a los delincuentes que el Gobierno argentino rechaza cualquier oferta de asilo de los golpistas. Parece que no todo está tan bien atado, Número Uno.

¿O sí? ¿Y si solo es una distracción?

Abajo, vista aérea de la plaza de Cataluña. Las líneas rojas representan los cortes del cordón policial; el punto rojo, la sede del Banco Central (en la actualidad, una tienda de ropa).

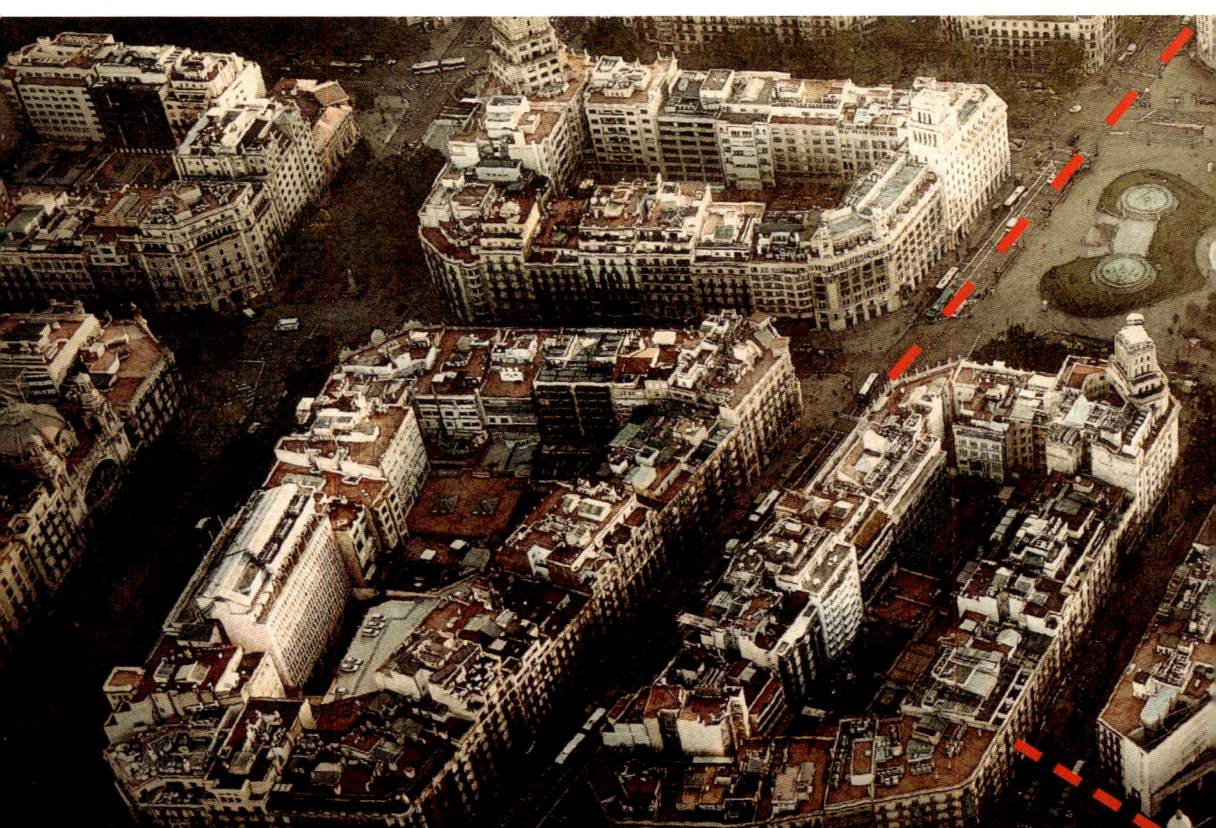

Golpe de Estado, Tejero

El 23 de febrero de 1981 es una fecha célebre en España. La Constitución de 1978 apenas llevaba dos años vigente cuando un grupo de militares, encabezados por el teniente coronel Antonio Tejero, entró al Congreso de los Diputados y lo tomó al grito de «¡Quieto todo el mundo!», entre una retahíla de tiros al techo. Se esperaba que más cuerpos militares se unieran, pero el golpe acabó fracasando, para suerte de la joven democracia española.

La sociedad aún se lamía las heridas de esos días tensos, cuando sucedió el asalto al Banco Central. Por eso muchos temieron que, mediante el uso de rehenes, aquellos encapuchados persiguieran una nueva embestida contra el orden democrático.

Momento er el que el teniente coronel de la Guardia Civi , Antonio Tejero, se dirige a los diputados, pistola en mano, el 23 de febrero de 1981.

¡QUIETO TODO EL MUNDO!

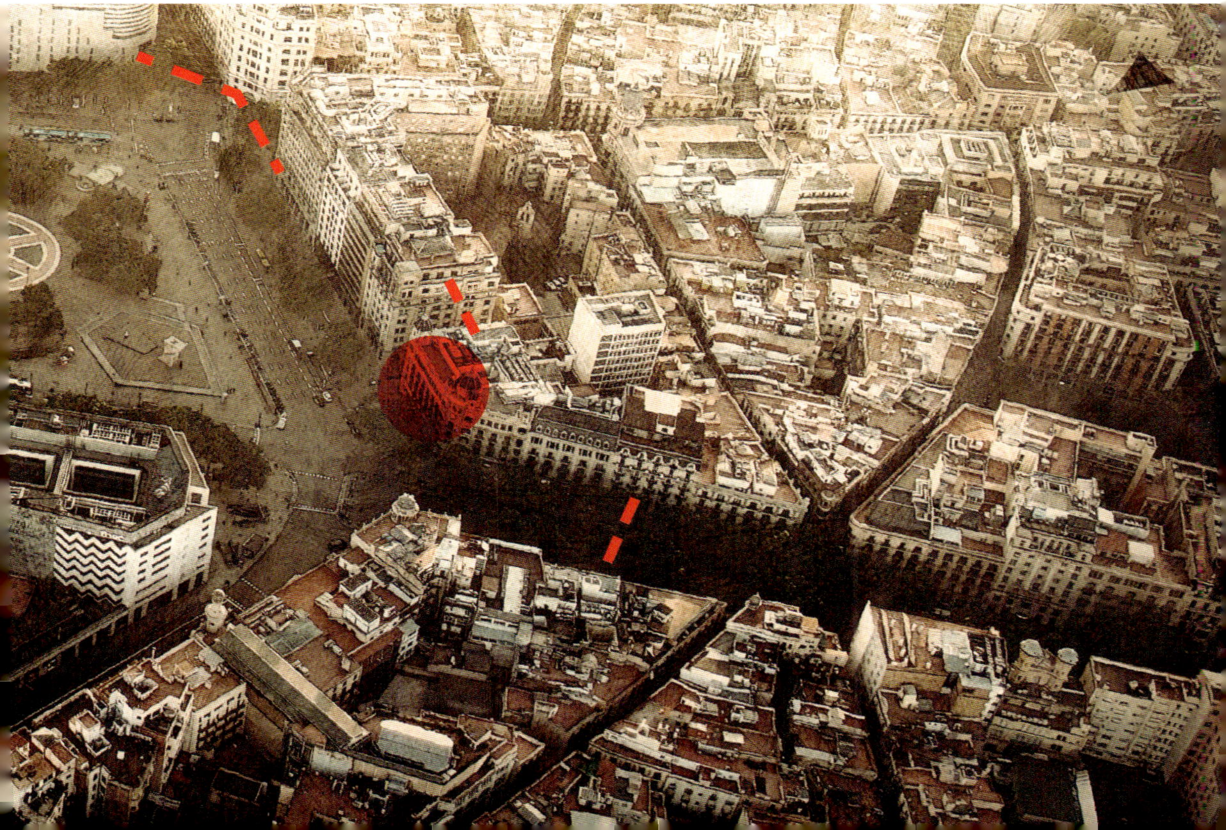

LAS CONDICIONES

Por la noche, cada cierto tiempo, se siguen liberando algunos rehenes, como un cuentagotas. Al mismo ritmo, la plaza de Cataluña, desierta por todo aquello que no sean agentes policiales y palomas, se ve atravesada por ambulancias que los recogen. A las 10 horas llega una tanqueta de la Guardia Civil, desde la cual se dirige un mensaje a los secuestradores: «De su actitud depende que salgan como personas o como terroristas asesinos». Desde el banco tienen un mensaje para la tanqueta: una ráfaga de metralleta. Y luego, otro: liberan a un rehén que advierte que en el interior hay enfermos graves y que el edificio está listo para dinamitarse.

Mientras tanto, los familiares de los rehenes lanzan por los medios de comunicación llamamientos dramáticos para que se cuiden, por encima de todo, las vidas de los secuestrados.

Los delincuentes dan un ultimátum que puede concluir a las 11:30 con la ejecución de cinco rehenes. El gobernador civil de Barcelona, por teléfono, les consigue arrancar un aplazamiento. Ellos utilizan al interventor del banco como intermediario y le hacen leer un comunicado que incluye los siguientes términos:

- Aceptan una salida digna, es decir, que les dejen salir del banco y los lleven al aeropuerto de El Prat, desde donde tomarán un avión al extranjero.

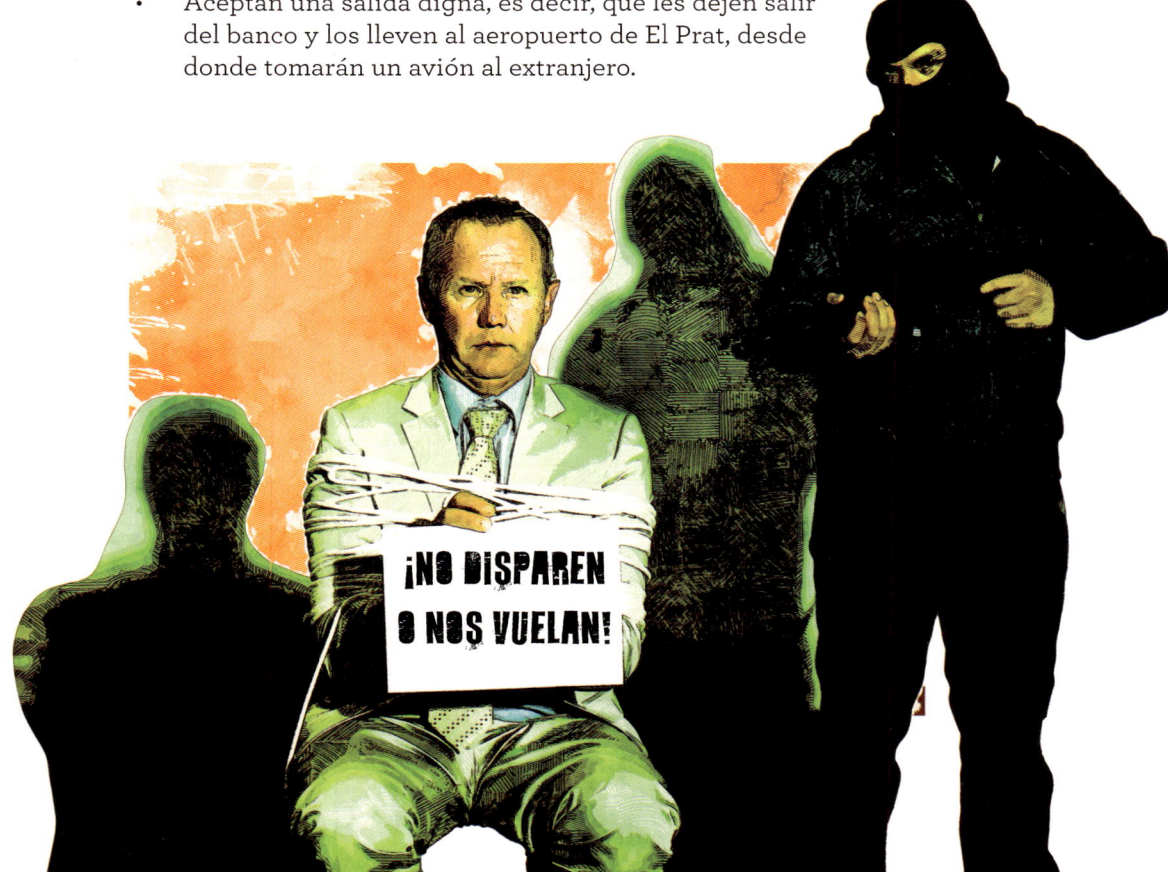

Varios rehenes liberados durante la mañana del sábado 23.

- Si los atacan antes de salir del país, matarán a los 150 rehenes que aún mantienen.

- Si las autoridades no dan garantías de que esto se va a cumplir a las 12:30 horas, amenazan con matar a cinco rehenes.

Antes de que se cumpla el plazo, entran en el banco el delegado del Gobierno en Cataluña y el jefe superior de Policía de Barcelona. Unos minutos después de su salida, fueron liberados otros 34 rehenes. Uno de ellos declara: «Están muy nerviosos. En las últimas horas lo mismo nos trataban con consideración como nos insultaban y nos aseguraban que nos iban a matar a todos».

ASALTO A LOS ASALTADORES

La tarde va pasando. El Número Uno de los secuestradores reconoce en una radio que su operación «ha fracasado». No son tan fanáticos, y se dan cuenta de que pueden morir matando, pero morir no les merece la pena. Según pasan las horas, el Grupo Especial de Operaciones (el GEO) va tomando posiciones en los alrededores del banco. Un informe de esta fuerza advierte que la toma del edificio es desaconsejable excepto en dos casos:

1. Si se produce un abandono del edificio por todos los rehenes y una resistencia por parte de los asaltantes.

2. Si empiezan a asesinar a rehenes, tal y como han amenazado.

Sin embargo, pese a que no concurren ninguna de estas circunstancias, a las 19:55 comienza el asalto. ¿Por qué, si se puede producir una masacre y se está negociando una rendición? Quizá porque se cree que los asaltadores están

> Por teléfono se había confundido el acento andaluz del Número Uno con el de un capitán de la Guardia Civil implicado en el golpe de Estado. Pero, en realidad, era un joven anarquista.

desesperados y eso les hace más peligrosos; quizá por una visión distorsionada y testosterónica del concepto *firmeza*, o quizá se echa una moneda al aire con la vida de decenas de personas. No quedará claro.

Las ráfagas de tiros se suceden. Los GEO entran desde el tejado y van descendiendo poco a poco, como una fuerza exterminadora. Los rehenes asomados a las ventanas de la planta baja del edificio gritan desesperadamente: «Sáquennos de aquí», «No disparen, que nos volarán», «No tiren, por favor, no tiren». Las radios transmiten todo en directo y la sensación, desde fuera, es que va a haber un matanza. Los medios reciben la orden de parar la emisión, por si los secuestradores utilizan esa información.

Unos 30 rehenes se agolpan en una puerta, pero no tienen la llave para abrirla. Sobre las 20:30, logran romper un cristal y forzar la cerradura, y salen, muchos cerca de la histeria. Otros se lanzan al suelo, siguiendo las instrucciones que les daban los GEO apostados en los alrededores.

¡NO TIREN, POR FAVOR, NO TIREN!

Durante la siguiente hora sigue el goteo de rehenes que salen por su propio pie. Pero ¿saldrán también entre ellos los secuestradores? ¿Cabe la posibilidad –seguro que es así– de que les hayan pedido ropa a los rehenes y se hayan confundido entre ellos?

Hacia las 21 horas, el silencio toma de nuevo la plaza de Cataluña, al mismo tiempo que la oscuridad. Anochece, y de cuando en cuando suena un disparo, acompañado de un gran eco, que recuerda que la operación aún no ha terminado.

A las 22:15 horas, entonces sí, se da por finalizada. Ningún rehén ha muerto, sí un asaltante.

PERO ¿QUÉ HA PASADO REALMENTE?

Empezó entonces otro capítulo: investigación, preguntas, respuestas. Lo primero fue identificar a los delincuentes. En efecto, se habían mezclado entre los rehenes, pero pronto la policía identificó a Número Uno: un viejo conocido de las fuerzas de seguridad, un joven almeriense de unos 25 años, llamado José Juan Martínez Gómez, alias «el Rubio». Su acento andaluz se había confundido por teléfono con el de un capitán de la Guardia Civil implicado en el golpe de Estado. Pero nada más lejos de la realidad. Era un joven anarquista, lo cual descolocó mucho a las autoridades. Se capturó a otros nueve delincuentes y uno escapó.

¡SÁQUENNOS DE AQUÍ!

La policía atiende a uno de los rehenes tras la liberación general del domingo 24.

En una primera declaración, Martínez Gómez afirmó que se había entrevistado en Perpiñán con un misterioso individuo llamado Antonio Luis, «de tendencia ultraderechista», que le encargó que buscara a otros cómplices para llevar a cabo una acción de reivindicación de los militares implicados en el golpe de Estado. La opinión pública española se dividió, desconcertada. De ser la extrema derecha la que hubiera instigado todo, pretendiendo desestabilizar el país, las implicaciones habrían sido difíciles de asumir.

Sin embargo, a la semana, Martínez Gómez se retractó. Declaró entonces que el atraco se le había ocurrido durante un tiempo en la cárcel, un golpe grande y definitivo del que vivir toda la vida. Él ya había cometido decenas de pequeños atracos y pensó en el Banco Central como su «gran obra», para lo que reclutó a otros delincuentes que conocía. Y es cierto que, durante las 36 horas que duró el secuestro, los asaltantes vaciaron la caja fuerte del banco, donde encontraron unos 600 millones de pesetas, una auténtica fortuna. Volcaron el contenido de la misma en el patio del Banco Central. También se encontró un túnel, o un intento de ello, en los sótanos, por donde pretendían acceder a la red de alcantarillado y huir con el dinero. Como se cumplían tres meses justos del 23-F, decidieron confundir a la Policía con toda la parafernalia golpista para favorecer su huida.

Se condenó a los asaltantes a 30 años por robo con violencia e intimidación, tenencia ilícita de armas y retención ilegal. Se omitió cualquier mención a una trama política.

¿Por qué se hizo?

En realidad, en el sumario de la investigación aparecen solo unas frases de Martínez Gómez: el resto de folios de la declaración desaparecieron o fueron sustraídos. En una entrevista de 2009, ya fuera de la cárcel, Martínez Gómez completó lo que declaró y lo que pasó en aquellas horas del Banco Central. Según él, recibió el encargo del tal Antonio Luis y de Emilio Manglano, a la postre director del Centro Superior de Información de la Defensa (CESID). Las órdenes eran claras: recuperar un maletín, depositado en una cámara del Banco Central (la caja 156), donde estarían unos papeles que involucraban a distintos altos mandos del Ejército en el golpe de Estado del 23-F, y en los que se señalaba que el entonces rey de España, Juan Carlos I, estaba de acuerdo con el plan.

Túnel incompleto que cavaron los delincuentes, que dejaron por imposible tras comprobar que las paredes eran de roca, no de hormigón.

Según Martínez Gómez, le pagaron con un millón de dólares en una cuenta suiza. Cuando comprobó que no podía escapar por el túnel, al ser la pared de piedra y no de hormigón, se sintió traicionado. Sin embargo, ¿por qué le iban a traicionar quienes querían que saliese con esa valiosa información? De igual manera, el Número Uno afirmó que lograron sacar el maletín con uno de los rehenes/secuestradores que salió, y que su segunda versión la contó porque era lo que las autoridades querían escuchar.

¿Es una verdad a medias o el producto de una mente retorcida y narcisista?

Esa versión contentó al Gobierno y a las fuerzas del orden, dejaba respirar al sistema y ofrecía un cierre cabal al asunto. A Martínez Gómez y a sus compinches se los condenó –a cerca de 30 años, su mayoría– por robo con violencia e intimidación con el agravante de reincidencia y disfraz, tenencia ilícita de armas y retención ilegal. En la sentencia se omitía cualquier mención a una trama política.

Sin embargo, la teoría de la caja 156 sigue vigente y muchos, sin fama de conspiranoicos, la sustentan. Eso, o el atraco que salió mal. ¿En qué queremos creer?

EL GRAN ROBO DE DIAMANTES EN AMBERES

ESOS DIAMANTES NO ERAN PARA SIEMPRE

Es ya el siglo XXI, pero no importa. Los sistemas de seguridad son mejores, pero los ladrones también mejoran. En este caso, salvaron diez barreras de seguridad para llevarse un botín cercano a los 100 millones de euros... Eso se cree, porque apenas se recuperó nada.

📍 Centro Mundial del Diamante, Amberes, Bélgica.

📅 15/2/2003

🔍 Diamantes, oro y dinero en metálico.

⚙️ Un equipo de cinco ladrones, comandado por Leonardo Notarbartolo.

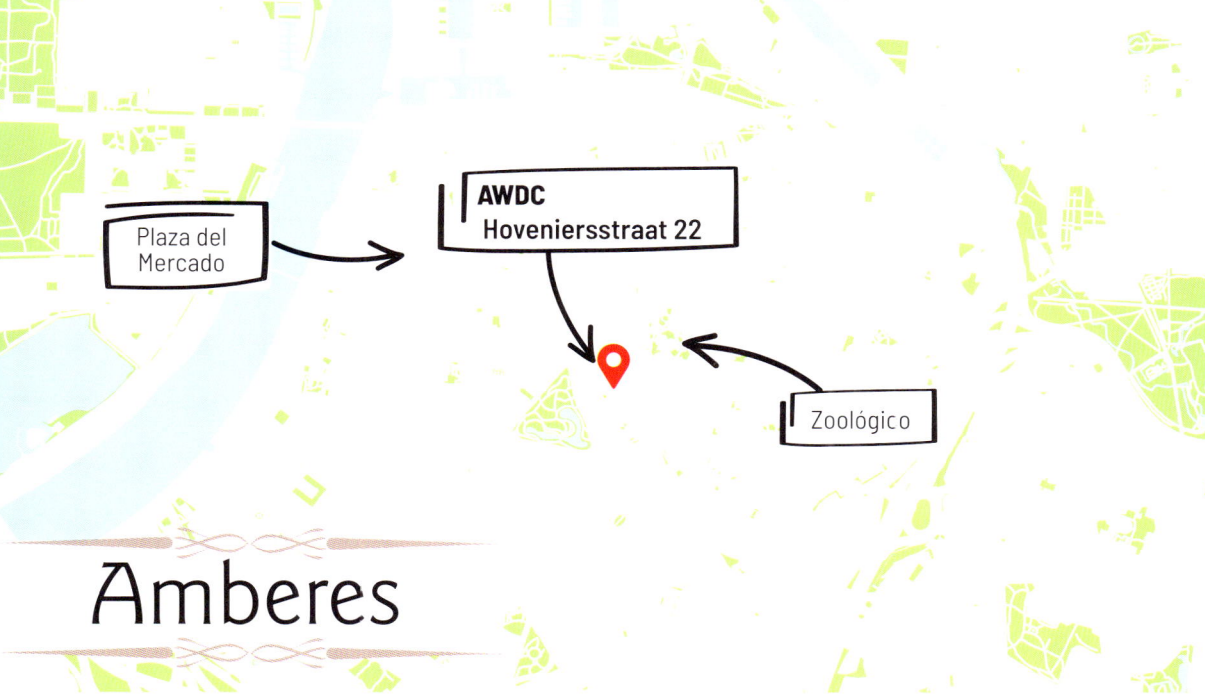

Amberes

PARA ROBO MILLONARIO, millonario de verdad, este. Cumple con muchos de los estándares del robo de altos vuelos, pero incumple uno sagrado: no se pueden cometer errores estúpidos. Porque alguien los puede emplear en tu contra, y si ese alguien no comparece, quizá se persone el azar.

Eso fue lo que frustró (aunque solo en parte) en 2003 el *robo de los 100 millones de dólares*.

Primero habremos de acudir al laberíntico distrito de los diamantes de Amberes. El 80 % de los diamantes en bruto del mundo pasan por esta zona bajo vigilancia policial las 24 horas del día y vigilada por 63 cámaras de vídeo. En 2003 se vendieron gemas por un valor de unos 3 000 millones de euros, sin contar, claro, con el mundo subterráneo de acuerdos con un apretón de manos y transacciones bajo cuerda. Las relaciones comerciales siguen las antiguas tradiciones familiares y religiosas de los comerciantes judíos, hindúes, cristianos maronitas libaneses y armenios dominantes del distrito, conocidos como *diamantaires*. Es un reducto de un mundo antiguo dentro de un mundo moderno.

Como en Amberes se talla mucho y buen diamante, también se guardan muchos de ellos. Allí se levanta el Centro Mundial del Diamante de Amberes (AWDC, por sus siglas en inglés). En sus bajos existe una bóveda de seguridad que alberga diamantes, oro y joyas de incalculable valor. Por supuesto, está protegida por múltiples mecanismos de seguridad, como una cerradura con 100 millones de combinaciones posibles, detectores de calor infrarrojos, un sensor sísmico, un radar Doppler y un campo magnético, además de contar con un equipo de seguridad privada. Podemos decir que es inexpugnable.

Y podemos decirlo y repetirlo todo lo alto que queramos, pero la realidad fue por otro lado.

EL LADRÓN

Leonardo Notarbartolo (1952) es el nombre que necesitamos para iniciar este monumental atraco. Nació en Turín (Italia) en una familia con vínculos con el crimen organizado. Quizá eso lo llevaba en la sangre; él mismo lo asumió: «Nací para ser ladrón». Y no le duelen prendas en reconocer que debutó en el sector con seis años. Su madre lo había enviado a buscar leche y regresó con 5 000 liras. ¿Magia blanca? Más bien que el lechero estaba dormido y eso el joven Leo lo tomó como una invitación para rebuscar en sus cajones. Algunos afortunados encuentran pronto su vocación.

Ya en la escuela primaria robó dinero a sus profesores. De adolescente, se aplicaba más en desvalijar coches y en aprender a abrir cerraduras que en los estudios. A los 20 años, empezó a trabajar el sector de las joyas y seguía a comerciantes por Italia durante semanas con la intención de comprender sus hábitos. El siguiente paso fue unir sus «altas capacidades» con las de otros, lo que la terminología moderna de hoy llama con pompa *networking*. O lo que es lo mismo, empezó a contactar con otros de su especie y escrúpulos para formar equipos de ladrones, cada cual un as en su especialidad.

Solo tenía que *sondear* el mercado para juntar a hábiles cerrajeros, a versados expertos en alarmas, a apandadores acreditados de cajas fuertes, a fiables excavadores de túneles o a elásticos escaladores para trepar por las fachadas.

Plaza del Mercado, en Amberes.

Barrio de los Diamantes

Este distrito de Amberes (*Diamantkwartier* en lengua flamenca) se sitúa junto a la estación central y cerca del zoológico. Cada día se intercambian diamantes por un valor de 200 millones de euros de media: unos 60000 millones al año. Es un barrio de tradición judía desde el siglo XV, cuando se instalaron allí los primeros talladores de diamantes, y es normal que el yidis (el judeoalemán) sea el idioma de las transacciones. Fue en Amberes donde nació el *scaif*, la técnica de pulido de diamantes que permitió la creación del

Un escaparate en el Barrio de los Diamantes.

diamante multifacético que hoy conocemos. Desde finales del siglo XX se han incorporado muchos comerciantes de origen hindú y armenio.

Luego, cada misión impone sus necesidades y Notarbartolo era el alquimista que cocinaba la mezcla perfecta. Y los platos salían a pedir de boca, por lo que se ve. Hasta les pusieron un nombre, muy académico: la Escuela de Turín, porque sus miembros eran de la zona. Creando *escuela* y todo. Leonardo, mientras le fuera posible, apostaba por el talento local. *Coworking sostenible*, se llamaría hoy.

Gran parte de su éxito radicaba en algo que ni se compra, ni se vende, ni se aprende en ninguna escuela, ni siquiera en la suya. Notarbartolo tenía eso que llamamos encanto. También podría haber valido gracia, salero, incluso alegría de vivir. Con esos atributos se ganaba la confianza de cualquiera, quizá también

El equipo de ladrones estaba constituido por diferentes ases en su campo.

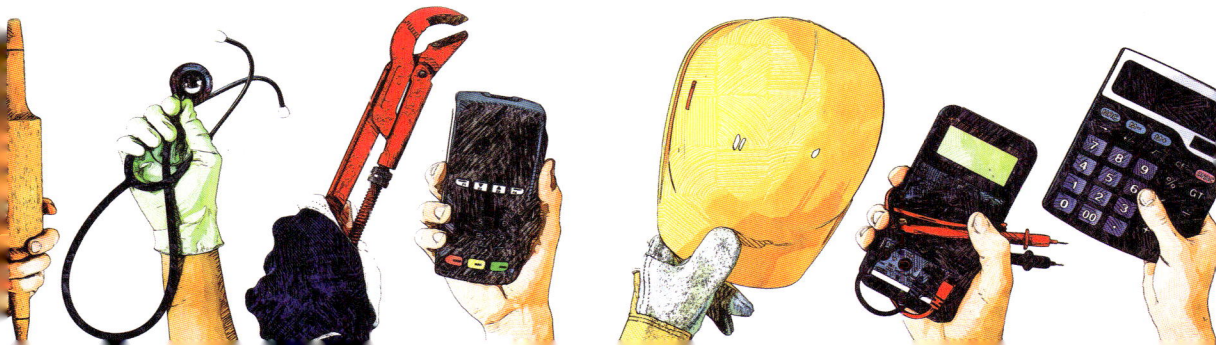

Fotografía de Leonardo
Notarbartolo.

de gente prevenida como nosotros: nunca se sabe. Él los empleaba para ejecutar un plan medido: se hacía pasar por joyero –de algún modo, lo era, pero al margen de la ley– y muchos lo invitaban a sus tiendas, joyerías o cámaras de seguridad. Y Leonardo, con su sonrisa de *playboy*, asentía y daba o quitaba razones, mientras que con el otro hemisferio de su cerebro tomaba apuntes y fotografías mentales. Luego, con calma, analizaba sus datos y sacaba una conclusión: ¿cuál es la mejor forma de robar en este lugar?

Notarbartolo solía acertar. Los años 90 fueron buenos para él. Un tipo con encanto, joyas, dinero, robos de guante blanco... ¿Nos recuerda en algo al Gato, ladrón y *bon vivant* de la Costa Azul, interpretado por Cary Grant en *Atrapa un ladrón* (Alfred Hitchcock, 1955)? Puede, pero tampoco nos pasemos: hablamos de Cary Grant.

Centro Mundial del Diamante de Amberes

Creada en 1973 por el Gobierno belga y la industria del diamante, la AWDC es una corporación de carácter mixto, pública y privada, encargada del sector del diamante de Amberes. Su misión es doble: fortalecer la posición de Amberes como el principal centro de comercio de diamantes del mundo y mejorar la imagen de los diamantes ante el público mundial.

En sus oficinas radican las principales empresas mineras de diamantes. Es, sin duda, el punto central de la capital mundial de los diamantes y en ella se dan cita los mejores pulidores e investigadores, corredores de seguros, transportistas y bancos de diamantes. Toda una atracción para los amantes de las joyas… propias y ajenas.

Una de las fachadas del AWDC.

LOS PREPARATIVOS

En cualquier caso cuando uno es bueno en lo suyo –y Leonardo lo era, *mucho*– siempre quiere más. Más dinero, más acción, más retos. Notarbartolo, que cada vez conocía mejor el mundillo, se marcó uno nuevo. Quizá el mayor en su sector. Si la capital mundial del diamante era Amberes, el corazón del negocio estaba en el Centro Mundial del Diamante de esa misma ciudad. Allí, como ya sabemos, no solo se comerciaba con diamantes sino que se guardaban, a cal y canto –esbocemos media sonrisa–, oro y joyas de incalculable valor.

Años después, en una entrevista desde la cárcel, Notarbartolo se permitió decir que lo que iba a acontecer a partir de entonces ocurrió porque se lo encargó un comerciante judío. Cada cual es libre de creérselo o no. La justicia no lo hizo.

Sea como fuere, el primer paso fue alquilar una oficina en el propio AWDC, unos dos años antes de la ejecución del golpe. Allí se hacía pasar por un comerciante de diamantes italiano, con el fin de ganarse la confianza de la seguridad del edificio y estudiar con calma los puntos fuertes y débiles del edificio. La toma de fotografías en el AWDC está prohibida, pero eso no iba a ser un problema para él. Se colocó una pluma asomando por el bolsillo de su camisa con una cámara miniaturizada. Elegante y eficaz, 100 % Notarbartolo.

> *Notarbartolo impuso en el equipo a un tipo que cargaba con fama de hombre inestable, de los que se desmoronan cuando algo va mal. El resto del grupo no lo quería con ellos.*

De vez en cuando, Leonardo bajaba a comprobar su propia caja de seguridad. La bóveda se encontraba dos pisos bajo tierra. En la antecámara había una puerta acorazada de acero de tres toneladas; contaba con una rueda de combinación con números del 0 al 99. Para abrirla, había que marcar cuatro números y los dígitos solo podían verse a través de una pequeña lente en la parte superior de la rueda. Había 100 millones de combinaciones posibles. La puerta, además, estaba certificada para soportar 12 horas de perforación ininterrumpida. En cualquier caso, las primeras vibraciones de una broca activarían la alarma sísmica incorporada.

Un par de placas metálicas flanqueaban la puerta. Cuando estaban armadas, las placas formaban un campo magnético. Si la puerta se abriese, el campo se rompería y se activaría una alarma. Para desarmar el campo, era necesario escribir un código en un teclado. Por último, la cerradura requería una llave de treinta centímetros de largo, casi imposible de duplicar.

Cualquiera hubiera pensado que aquel era un lugar imposible de asaltar. Pero no es (solo) lo que sabes, sino a quien conoces. Y Leonardo conocía a los mejores.

Diez niveles de seguridad para entrar a la bóveda

LA PUERTA
1. Dial combinado (0-99)
2. Cerradura con llave
3. Sensor sísmico (integrado)
4. Rejilla de acero bloqueada
5. Sensor magnético
6. Cámara de seguridad externa

LA BÓVEDA
7. Teclado para desarmar sensores
8. Sensor de luz
9. Cámara de seguridad interna
10. Sensor de calor/movimiento (ubicación aproximada)

EL EQUIPO

Notarbartolo había reunido para este caso a un equipo brillante (claro). Por un lado estaba el Monstruo. Un tipo alto y musculoso, que imponía respeto por su presencia, pero que se había ganado el apelativo porque era *monstruosamente bueno* en todo lo que hacía. A lo largo de su carrera había sido ya un experto abrecerraduras, electricista, mecánico y conductor, y todo aderezado con su enorme fuerza física.

Por otro lado estaba al que llamaban el Genio. Este era el especialista en desactivar cualquier tipo de alarma. ¿También las numerosas de aquella cámara inexpugnable?

Llegamos al apodado Rey de las Llaves, cuyo apelativo resulta de lo más descriptivo. A diferencia de sus compañeros era un hombre mayor y tranquilo. De él se decía que era uno de los mejores falsificadores de llaves del mundo. Para aquel caso, debería ser el mejor. Aquella enorme llave parecía imposible de duplicar.

Y había un cuarto hombre, quizá el más interesante para esa historia: un tal Speedy, amigo de la infancia de Notarbartolo, hombre de confianza suyo en lo personal y en lo profesional. Alguien que, sin embargo, cargaba con cierta fama de hombre inestable, de los que se desmoronan cuando algo va mal. El resto del grupo no lo quería con ellos, pero para Leonardo era innegociable. Quedamos avisados.

Durante semanas, durante meses, cada uno de los miembros del equipo fue sumando sus conocimientos para desarmar uno por uno los diez niveles de seguridad. Con sumo cuidado instalaron una cámara minúscula junto a la

pesada puerta de la bóveda, de manera que podían capturar los giros y los números en los que se detenía cuando un guarda la abría. Una pequeña antena transmitía la imagen. Cerca de allí, en un extintor de incendios colocado en la pared, un compartimento estanco en el interior albergaba componentes electrónicos que captaban y grababan la señal de vídeo. Pura dinamita en manos de alguien como el Rey de las Llaves.

LOS GENIOS DEL ROBO

El viernes 14 de febrero de 2003 era el día de los enamorados, y para la Escuela de Turín no había amor más verdadero que el que ofrece el dinero. Notarbartolo entró a la bóveda, como otras tantas veces, sin despertar ni una sospecha. Una vez dentro, y con un gesto rápido ya ensayado, roció un bote de laca sobre los sensores térmicos de movimiento. Sabían que ese aceite, transparente pero denso, los anularía durante unas horas.

El día siguiente era sábado, con todo lo que eso conllevaba. No solo por fin de semana –especialmente romántico–, sino que el *sabbath*, en un ambiente especialmente hebraico, era el día en el que el trabajo se aparcaba. Las pulsaciones bajaban en todo el Barrio de los Diamantes, casi hasta parecer desierto. Pero la noche del sábado al domingo un coche gris se aparcó cerca del distrito. Conducía Leonardo Notarbartolo y del coche bajaron el Monstruo, el Genio, el Rey de las Llaves y Speedy, cargando grandes bolsas de lona. El jefe se quedó a la espera, en el automóvil.

En fin de semana, la vigilancia era menor y descansaba especialmente sobre los sistemas automáticos. El equipo iba «armado» con un gran escudo de poliéster casero, cuya baja conductividad térmica impedía que el calor de los cuerpos llegara a los sensores. El Genio se encargó de que pudieran entrar, por una ventana trasera, al interior del Centro Mundial del Diamante. No había sonado ni una alarma cuando se plantaron ante la gran puerta de la bóveda de seguridad.

A la izquierda, el detector térmico con la laca. Arriba, las dos placas magnéticas.

El Genio aplicó sus conocimientos de Física para entrar sin romper el campo magnético, que automáticamente hubiera disparado las alarmas. El Rey de las Llaves no tuvo que emplearse a fondo, o no tanto como hubiera esperado. Encontró la enorme llave de entrada en un cuarto de servicio en el que, a través de sus cámaras ocultas, había observado que los guardias entraban antes de abrir la puerta. Así que colocó la llave en el ojo de la cerradura; mientras, el Genio marcaba la combinación que habían averiguado gracias al vídeo. Cruzaron una mirada y el veterano cerrajero giró la llave. Los cerrojos cedieron amablemente y franquearon la entrada. Era el momento del Monstruo.

Fue él quien entró; cuanto menos calor hubiera, mejor. No podían saber cuánto duraría el efecto de la laca. Cada segundo que estuviera allí elevaría la temperatura ambiente. Debía ser rápido, sí, pero sin alterar su ritmo cardíaco. Nadie dijo que ser ladrón fuera fácil. Pero él sabía perfectamente lo que debía hacer. Buscó en el techo los cables del sistema de seguridad y realizó un puente. Los sensores dejaron de funcionar, pero a efectos de las alarmas, el circuito seguía intacto.

UN ÉXITO MILLONARIO

Aquellos tres hombres se dispusieron a desvalijar las cajas fuertes de la bóveda de seguridad. Cuantas más, mejor. Iban a trabajar en penumbra; pese a que las alarmas estaban desactivadas, lo preferían así, por seguridad. Mientras, Speedy cumplía su misión de mantener al tanto a Notarbartolo, puesto que desde el interior de la bóveda no había cobertura. Subió las escaleras y llamó a su amigo, breve, conciso, tan solo con dos palabras mágicas: «Estamos dentro».

A contrarreloj consiguieron abrir 123 de las 160 cajas. Dentro de ellas, lingotes de oro, dinero en efectivo en monedas israelíes, estadounidenses, europeas,

> *Existe en este caso ese punto de azar que hace del robo a gran escala una empresa azarosa, inaprensible a los cálculos. Para nosotros, lectores morbosos, sin duda es un aliciente.*

suizas o británicas. Pero, sobre todo, diamantes: para eso estaban en Amberes, ¿no? El botín era increíble, pero el tiempo avanzaba y habían dado las 5:30 de la madrugada, la hora que habían considerado límite para poder largarse del AWDC con ciertas garantías. Tardaron una hora en subir el botín al coche de Notarbartolo. Pero, antes de que amaneciera, arrancó hacia su apartamento, sin que nadie los detuviese.

El robo había sido un éxito.

LA FUGA QUE LO ARRUINÓ TODO

Esa misma tarde, Leonardo y Speedy dejaron Amberes rumbo a Turín. En el maletero portaban una bolsa de basura con el material que habían ido utilizando –papeles, documentación, incluso restos de comida–: el crimen deja huella. La idea de Notarbartolo era detenerse en algún punto de Francia y quemarlo todo, el fuego es el mejor amigo del crimen sostenible. Sin embargo, en su camino tenían que pasar por la circunvalación de Bruselas, y Speedy comenzó a hacer honores a su fama.

Izquierda: estado de la bóveda de seguridad tras el atraco. Derecha: basura esparcida en el campo tras el robo.

Aquel ladrón, en principio curtido en mil batallas, entró en pánico. Le aterraba la idea de que algún control policial los detuviese con el amasijo de pruebas incriminatorias. En tal caso, se pasarían gran parte de su vida entre rejas, sin remisión. Speedy instó a su amigo a que se desviasen en una salida de la autopista, antes de llegar a Bruselas. Se internaron por un camino de tierra que llevaba a una zona arbolada, bajo la carretera, donde se apearon. Mientras Leonardo inspeccionaba el terreno, Speedy, nervioso, vació la bolsa. Entre los matorrales y las ramas desnudas de los árboles quedaron esparcidas cintas de vídeo, monedas, sobres, papeles, comida... Incluso diminutos diamantes. A Notarbartolo le pareció un disparate, pero quizá su amigo tuviese razón. Mejor deshacerse rápido de toda esas pruebas en aquel lugar ignoto, algo sucio y desamparado.

Y es aquí donde entra ese punto de azar que hace del robo a gran escala una empresa azarosa, inaprensible a los cálculos. Para los lectores morbosos, como nosotros, sin duda es un aliciente contar con este aliado. La fortuna (o el infortunio) se hizo carne en la figura de un tendero belga ya jubilado, amante de la caza y el campo, quien poco antes había comprado esos terrenos baldíos, pero no exentos de belleza, junto a la autopista. Por allí circulaba un arroyo y habitaban conejos y topos a los que disparar: un pequeño paraíso para su tiempo libre.

Speedy y Notarbartolo habían ensuciado el retiro dorado –algo ruidoso por tanto coche, eso sí– del señor Van Camp. Nada de un lugar sucio, ignoto y desamparado. De hecho, cuando Van Camp veía que alguien empleaba su terreno para sus fiestas, como aquellos adolescentes de botellón unas semanas antes, no dudaba en llamar a la policía para denunciar los hechos, aunque apenas le hicieran caso. No obstante, cuando el lunes 17 de febrero Van Camp vio aquella acumulación de desperdicios en su finca, no se lo pensó dos veces y marcó el número de la policía local. Al otro lado del teléfono escucharon su diatriba con condescendencia... Hasta que Van Camp mencionó que entre toda esa basura se encontraban sobres con el membrete del Centro Mundial del Diamante de Amberes.

—¿Ha dicho del AWDC? No se vaya, vamos para allá.

LA BASURA, LA RAZÓN DEL FRACASO

Entre la maleza la policía encontró un arsenal de pruebas, el paraíso para cualquier juez. Fue esencial encontrar un sándwich de salami a medio comer y el envoltorio de la tienda de embutidos. Días después, la policía entró en el apartamento que Notarbartolo alquilaba en Amberes (ya lo consideraban sospechoso). En un armario, encontraron un recibo de la misma tienda de embutidos, fechado el jueves 13 de enero a las 12:56. Cuando revisaron el vídeo de seguridad de la tienda, se encontraron con un viejo conocido de la policía italiana: Ferdinando Finotto, el hombre con más probabilidades de ser el Monstruo. El ADN dejó las cosas claras.

Y sí, mientras tanto Notarbartolo y Speedy llegaron a Turín y escondieron parte de su botín. Y pensaron que el mundo seguía su curso. Tanto, que Leonardo volvió a Amberes para devolver su automóvil de alquiler y para dar la cara en el AWDC. Pero cuando lo hizo, la policía ya contaba con las pruebas del señor Van Camp. Lo esperaban en su oficina varios agentes. A Speedy, el Monstruo y el Genio también los detuvieron. De El Rey de las Llaves nunca se supo. Sus compañeros no lo delataron y no existían pruebas fehacientes contra ese hombre desconocido.

¿QUÉ FUE DEL BOTÍN?

A Notarbartolo lo condenaron a diez años de cárcel; a sus compañeros les cayeron cinco años a cada uno. Leonardo salió en libertad condicional en 2009; sin embargo, en 2013 volvió a la cárcel: una de las condiciones era devolver el dinero robado a sus víctimas. Algo más aparente que real si se tiene en cuenta el importe millonario (a menos que se devuelva el botín), pero el problema de Notarbartolo fue que ni siquiera dio muestras de querer trabajar: un poco de compostura nunca viene mal, ni tan siquiera para un ladrón. Las autoridades lo regresaron a la cárcel, de donde no salió hasta 2017.

¿Y el botín, qué? Apenas se pudo recuperar un pequeño porcentaje en las casas de los condenados. El AWDC declaró un robo por valor de 25 millones de euros, pero los investigadores, que saben que en el mundo de las joyas apenas se declara un tercio del comercio, creen que el botín se acercaba a los 100 millones de euros. Ni Notarbartolo ni sus cómplices declararon nada coherente sobre lo robado. Para el jefe de la banda, fueron víctimas de un fraude de seguros. Alguien –dijo tiempo después– les había incitado a preparar el golpe y robaron cajas vacías para que los dueños cobrasen el seguro. En realidad, los seguros apenas cubrían la bóveda de seguridad de Amberes (las compañías la consideraban insegura).

Es mucho más probable que alguien, en estos momentos, esté disfrutando de una jubilación dorada.

SIN DIAMANTES EN EL PALACIO REAL DE DRESDE

¿ES RENTABLE EL CRIMEN?

El botín sustraído de la Bóveda Verde de Dresde era elevadísimo, pero su valor histórico y sentimental quedaba fuera de todo cálculo. Los ladrones jugaron con el daño psicológico producido para conseguir una rebaja de sus penas. Además de delincuentes, se convirtieron en chantajistas.

📍 Palacio Real de Dresde, Alemania.

🔍 Joyas y diamantes del tesoro de un museo.

💡 Clan de los Remmo.

📅 25/11/2019

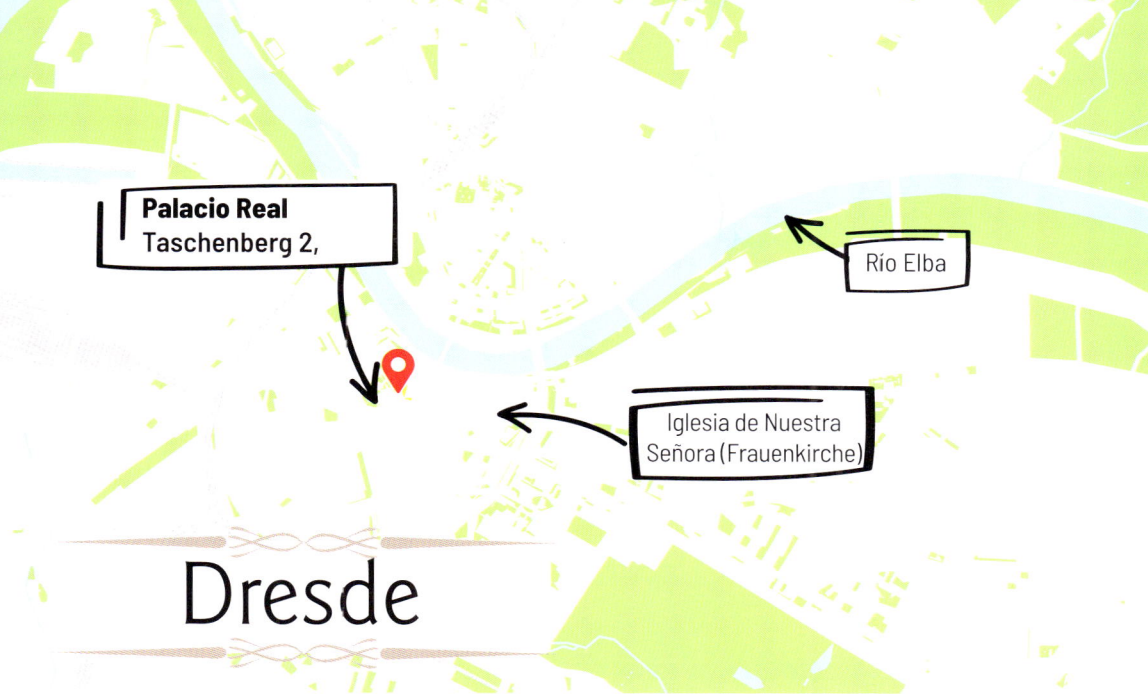

Palacio Real
Taschenberg 2,

Río Elba

Iglesia de Nuestra
Señora (Frauenkirche)

Dresde

ROBAR ES MALO. Nos lo inculcan nuestros padres, el séptimo mandamiento, el sentido común –no siempre–, las películas –tampoco siempre–, incluso en este mismo libro lo intentamos (¿con éxito?). Pero llegamos a casos como el que nos atañe y pensamos si no estaremos incitando a los lectores al crimen. Para liberar nuestra conciencia podemos decir que tan solo somos altavoces de lo que otros han hecho.

Y en casos como los del robo en el Palacio Real de Dresde no se hicieron bien muchas cosas. Robar es malo y no compensa, pese a lo que ahora vamos a leer.

LA BÓVEDA VERDE DE DRESDE

Antes de sumergirnos en los dominios del mal y del latrocinio, conviene ponernos en antecedentes y descubrir la parte hermosa e histórica de la cuestión que nos trae. Esta «doble h» merece ser señalada para cualquier turista empedernido o, simplemente, curioso desde el sofá. El robo que nos espera fue cometido en la Bóveda Verde de Dresde, un museo dentro del Palacio Real de la ciudad alemana. Y no uno cualquiera: afirma con orgullo albergar la colección de tesoros más grande de Europa y se jacta de ser el museo público más antiguo de Europa occidental. Valores suficientes para situarse en la agenda de cualquier amante del arte y/o de cualquier amante de lo ajeno.

Lo de «verde» de la Bóveda vino por la pintura que se le dio a las bases de las columnas y los capiteles, de un color verde azulado. Hoy la decoración ha cambiado y ha habido –a la fuerza– grandes reformas, pero el nombre se mantiene.

Pese a que las 4 000 toneladas de bombas caídas a finales de la Segunda Guerra Mundial transformaron para siempre su rostro –y el de cualquiera–, Dresde sigue siendo una ciudad bella y digna de cualquier turista, empedernido o no. Durante cuatro décadas estuvo dentro de la República Democrática Alemana y el ritmo de las reconstrucciones no se elevó hasta la caída del Muro de Berlín, pero hoy podemos contemplar el esplendor de una ciudad que incluso llegó a dar nombre a un estilo arquitectónico propio, el Barroco de Dresde. Por eso, por esa capacidad de ave fénix que resurge de sus cenizas, de ciudad que lo ha pasado mal pero que se esfuerza en recuperar su belleza, duelen más iniquidades como la que sucedió la madrugada del 25 de noviembre de 2019 y que sumió a Dresde en una profunda indignación.

UN ATRACO A OSCURAS

A las 4:59 de aquel lunes, la policía recibía un aviso del Palacio Real: dos ladrones estaban entrando, a la fuerza, por una ventana del edificio. El dispositivo policial se puso en marcha, pero para cuando los 16 coches de los agentes llegaron, el trabajo ya estaba hecho. Fue algo *rápido y sucio*, bien planificado.

En realidad, todo había empezado días antes. Los delincuentes habían serrado los barrotes de aquella ventana y los habían pegado con cola. De aquella manera, habían matado dos pájaros de un tiro: por un lado, pudieron comprobar que la seguridad era relativa, puesto que su acto no había levantado alarma alguna; por otro, reducían el tiempo de ejecución cuando llegase el momento del golpe.

La madrugada del atraco, los ladrones tomaron otra precaución antes de acercarse a la Bóveda Verde. Quemaron un cajetín eléctrico cercano el edificio, de manera que la zona quedó completamente a oscuras. Estaba claro por las cámaras que aquellos dos hombres no actuaban por impulso. Sabían lo que se hacían y, probablemente, pertenecían a una banda de ladrones de arte.

Augusto el Fuerte (1670-1733).

El palacio de Dresde

El Palacio Real (o Castillo de Dresde) fue erigido ya a mediados del siglo XVI, con sucesivas ampliaciones, lo que le confiere un singular aspecto, una mezcla de estilos a caballo entre el Barroco y el Neorrenacentismo. El príncipe elector de Sajonia, Federico Augusto I (que pasó a la historia como Augusto el Fuerte y gobernó de 1694 a 1733) fue quien mandó construir las cámaras que destinó para museo público (la Bóveda Verde), todo un adelanto para su época. Antes de morir, Augusto el Fuerte dejó a su pueblo la posibilidad de contemplar una delicada muestra de objetos de valor, como estatuas de bronce y obras de arte en plata, oro, ámbar y marfil.

Arriba: Palacio Real de Dresde, en 1965, al principio de su reconstrucción. Abajo: la sala Juwelenzimmer, destruida en 1945.

Ya lo reza el dicho: «Todo para el pueblo, pero sin el pueblo».

Poco podía imaginar el magnánimo Augusto las vueltas que daría Sajonia. En el siglo XIX, se integró en la unificada Alemania y, ya en el siglo XX, el horror de la Segunda Guerra Mundial se llevó por delante la bella Dresde. El bombardeo que sufrió esta ciudad, entre el 13 y el 15 de febrero de 1945, arrasó a la que algunos conocían como la «Florencia del Elba». El Palacio Real quedó seriamente dañado, aunque los tesoros se consiguieron salvar del desastre, ya que se habían trasladado a la fortaleza de Königstein.

Tras el conflicto, el Ejército Rojo confiscó los tesoros y los llevaron a la Unión Soviética. En 1958, todo el material fue devuelto a Alemania. El Palacio Real seguía en ruinas, aunque las restauraciones se fueron sucediendo poco a poco. En 2019 se terminó una de las últimas fases.

Las cámaras del interior de la Bóveda Verde recogieron el atraco con toda su fría crueldad. Los dos hombres llegaron ante una de las vitrinas y señalaron una serie de objetos. Uno de ellos sacó un hacha de una bolsa y la emprendió a golpes contra los cristales, que no fueron capaces de contener la embestida. Los ladrones arrasaron el expositor y cargaron rápidamente cuanto pudieron. Antes de salir, tomaron un extintor de incendios y rociaron la estancia con su contenido, de tal manera que sus huellas quedasen cubiertas. La escena, de principio a fin, no llegó a durar ni cinco minutos.

Afuera les esperaba un coche con el que condujeron cuatro kilómetros hacia el norte y que, siguiendo el abecé del buen ladrón, incendiaron en un garaje para no dejar pistas.

¿CUÁNTO VALE LO QUE NO TIENE PRECIO?

Cuando la dirección del museo pudo hacer cálculos, esa misma mañana, se llevó las manos a la cabeza. Los ladrones se habían llevado varias de las piezas más valiosas. Desde su restauración, la Bóveda Verde constaba de dos alas diferenciadas: la *Historisches Grünes Gewölbe* (de carácter histórico) y la *Neues Grünes Gewölbe* (de nuevas adquisiciones). El robo se centró en la primera de ellas, donde quedaban los elementos más valiosos, como una estrella en el pecho cargada de diamantes de la Orden Polaca del Águila Blanca, que había

Vista general del Palacio Real de Dresde.

Fotografía de la derecha: el Diamante Blanco Sajón, engastado (arriba) en la charretera.

Fotografía de la izquierda: Diamante Verde de Dresde, engastado en un colgante.

pertenecido a Augusto el Fuerte; un broche de sombrero con un diamante de 16 quilates y otras 14 piedras grandes, junto con 103 diamantes más pequeños, y una empuñadura de espada incrustada de diamantes con nueve diamantes grandes y 770 más pequeños, junto con una funda a juego. Y, por supuesto, el Diamante Blanco Sajón, un gran diamante de 64 quilates, proveniente de la India, uno de los diamantes más famosos del mundo, engastado en una charretera. Entre la desolación, solo un pequeño alivio: la pieza más cotizada del museo, el Diamante Verde de Dresde, estaba fuera de peligro al encontrarse en una exposición temporal en el Museo Metropolitano de Arte de Nueva York. El recuento final arrojó que los ladrones se habían llevado tres conjuntos de joyas del siglo XVIII, compuestos por 37 piezas cada uno, entre diamantes, rubíes, esmeraldas y zafiros.

La pregunta del morbo, la que todos se hacían –y nos hacemos, en casos similares– no tuvo respuesta: *¿Cuánto valía lo robado?* ¿Cuánto vale lo que no tiene precio?, vino a decir el museo. Resultaba complicado estipular el equivalente material de cada pieza, pero a lo que nadie osaba a poner valor – porque no lo tenía– era al conjunto de juegos, muy superior al de la suma de sus componentes. A diferencia de otros tesoros, esparcidos en varios museos o colecciones privadas por el paso de los años, de las guerras y de las conquistas, la colección de la Bóveda Verde se había mantenido unida... Hasta aquel día.

Algún diario sensacionalista se despachó con que el valor podría alcanzar los mil millones de euros, pero... ¿qué valor real podría tener algo que apenas podría ser vendido? ¿Quién se atrevería a comprar unas joyas tan famosas? Por eso, desde el principio se temió por las intenciones de los delincuentes:

posiblemente no quisieran vender cada pieza, sino desmontarlas –destruirlas, como tales– y pasar cada diamante suelto al mercado negro. Y era eso, la destrucción del patrimonio, lo más temido y lo que despertó la indignación no ya de Dresde ni de Sajonia, sino de toda Alemania. «No se puede concebir la historia de Sajonia sin la Bóveda Verde y las colecciones de arte estatales», llegó a decir el presidente del *land* sajón.

UN CLAN IMPLACABLE

Durante un año se sucedieron diferentes investigaciones. Sin embargo, dadas las similitudes con otro robo en Berlín poco tiempo antes, la policía tenía entre ceja y ceja a un clan libanés. El 16 de noviembre de 2020, poco antes de que se cumpliera un año del golpe, una espectacular operación en Berlín con 1638 agentes involucrados de ocho estados alemanes, logró detener a unos delincuentes vinculados con el mismo: los autores, se presumía.

La policía detuvo a tres veinteañeros de la familia Remmo, alemanes de origen libanés, viejos conocidos de la ley a pesar de su juventud. Las imágenes de la cámara de seguridad de la Bóveda Verde resultaron clave para identificar –pese a irrumpir encapuchados– a los acusados.

Antes, el 27 de marzo de 2017, se había cometido otro robo espectacular en la Isla de los Museos de Berlín. Tres encapuchados vestidos de negro se colaron por una ventana rota y rompieron con un hacha la vitrina donde se encontraba la Gran Hoja de Arce, la segunda mayor moneda de oro del mundo, de 50 centímetros de diámetro, acuñada en el 2007 en oro macizo en Canadá. La moneda, con un valor estimado de 3,75 millones de euros, nunca fue recuperada. Las autoridades sospechan que la cortaron en pedazos más pequeños y que se vendieron en el mercado negro. Dos primos de la familia Remmo fueron declarados culpables.

Los acusados en el juicio en sus asientos junto a sus abogados, a la espera de conocer la sentencia, el 16 de mayo de 2023.

Unas semanas después, arrestaron a otro hombre de 21 años, también de la familia Remmo, y empezaron a investigar a uno de los guardias de seguridad de la Bóveda Verde, cuyo comportamiento la noche del robo había resultado bastante sospechoso. Se descubrió que estaba compinchado con el clan.

Mientras el caso se instruía, comenzaron a llegar rumores que afirmaban que las joyas se estaban poniendo en venta, desgarzadas, en el mercado negro de internet. El peor de los escenarios para el museo.

EL JUICIO

En marzo de 2023 comenzó el juicio contra seis acusados, con los cargos de robo organizado e incendio provocado, el del cajetín que sumió a la zona en la oscuridad y dejó a las alarmas de la Bóveda Verde sin efecto. Recordemos: era la época en la que los efectos de la pandemia por coronavirus empezaban a decaer y se relajaba el uso de las mascarillas. Los acusados, sin embargo, las llevaban en la medida de lo posible, para ocultar sus rostros a la prensa y a los asistentes al juicio, que se celebró con altísima expectación pública y mediática.

Al principio, cómo no, todos negaron los hechos. Pero pronto surgieron pruebas de ADN que se recogieron en la Bóveda Verde y en el coche quemado, que escaparon a la nieve carbónica del extintor y al fuego, y varios de los acusados no tuvieron más remedio que admitir su participación en los hechos. En algún momento se creyó que el botín podía estar bajo el agua. Durante las vacaciones de Navidad, 22 buzos de la policía se sumergieron en el canal de Neukölln, en Berlín, en busca de las piezas: joyas no encontraron, pero sí unas cuantas bicicletas oxidadas.

Algunas de las joyas robadas en el golpe a la Bóveda Verde.

Sin embargo, cuando la instrucción del juicio seguía su lento curso, algo inesperado sucedió. En la mesa de reuniones de un bufete de abogados de la capital alemana aparecieron 31 de las piezas robadas. Era el despacho de la defensa de los Remmo. Alguien las llevó hasta allí para que negociasen con la Fiscalía germana una reducción de las penas.

Los delincuentes se guardaban ese as en la manga. Sabían del daño moral que causaba ese vacío en la colección de joyas señera de Sajonia, de Alemania, quizá de Europa. Aquellas 31 piezas no eran ni la mitad de lo robado, pero si se las ofrecían a la justicia, esta no sería insensible. Esto colocaba a los ladrones en la posición de chantajeadores. ¿Debía la justicia alemana ceder? ¿Era acceder a negociar una rebaja en las penas *ceder*? ¿Merecería la pena hacerlo por un tesoro de cientos de años, patrimonio de todo un país, como poco?

UNA DUDA RAZONABLE

Lo cierto era que entre esas joyas no se encontraban muchas de las más valiosas, como el Diamante Blanco. Además, las joyas entregadas estaban en muy mal estado. Varias de ellas llegaron partidas en trozos, otras desgarzadas o sin algunos de sus diamantes; casi todas arrastraban restos blanquecinos, sin duda como resultado de haberles lanzado alguna sustancia corrosiva que

El juez defendió el acuerdo porque sin él las obras de arte se habrían perdido para siempre. Otros ponían en entredicho el trato, porque podría incitar al robo.

Vista de la sala que acoge la colección de joyería de la Bóveda Verde, en Dresde.

borrase pruebas. Al parecer, también tenían huellas de haber pasado bastante tiempo bajo el agua. Su brillo era menor, estaban grisáceos, turbios, aunque no se discutía su autenticidad.

El 16 de mayo de 2023 se dictó sentencia para cinco miembros de la familia Remmo. Los acusados, que se enfrentaban a condenas de unos diez años de cárcel, recibieron penas de entre cuatro y seis años gracias a un acuerdo con la Fiscalía. El juez que presidía la audiencia lo defendió porque sin él, afirmaba, las obras de arte se habrían perdido para siempre, con el consiguiente perjuicio para la actual generación y las venideras. Otros ponían en entredicho el acuerdo: en unos tres años los implicados volverían a estar en la calle, sabiendo además que eran reincidentes y que su *modus vivendi* era el robo a gran escala. ¿Estaban mandando, en realidad, un mensaje de que merecía la pena dar un gran golpe si te guardabas una parte como colchón negociador?

El debate, moral y judicial, sigue hoy aún abierto. ¿Joyas o justicia?

Parte II

ROBOS POR AMOR AL ARTE

EL ARTE ES SENTIMIENTO, CULTURA... Y TAMBIÉN DINERO. UN PEQUEÑO LIENZO PUEDE VALER MILLONES. CIENTOS DE ELLOS SE ACUMULAN EN UN MUSEO, UN PUNTO CALIENTE PARA CUALQUIER DELINCUENTE PROFESIONAL. SIN EMBARGO, A MENUDO ESTOS LUGARES TAMBIÉN SON ASALTADOS POR OTRO TIPO DE LADRONES, MÁS ATENTOS AL VALOR SENTIMENTAL QUE AL PECUNIARIO. CONOZCAMOS ALGUNOS CASOS.

¡EXTRA! ¡HA DESAPARECIDO LA MONA LISA!

¿UN ROBO PATRIÓTICO O POR PURO INTERÉS?

El retrato más famoso de la historia desapareció de una sala del Museo del Louvre y no se dio la voz de alarma hasta día y medio después. El robo no lo ejecutó un genio del crimen, sino un antiguo trabajador con ganas de hacer algo «grande». Vincenzo Peruggia no logró enriquecerse, pero su acto consiguió algo más importante: otorgar al cuadro de Da Vinci una fama universal.

📍 Francia, París, Museo del Louvre.

📅 21/8/1911

🔍 *Mona Lisa*, cuadro de Leonardo da Vinci (pintado de 1503 a 1519). Óleo sobre tabla. 77 x 53 cm.

💡 Vincenzo Peruggia, ex empleado del museo.

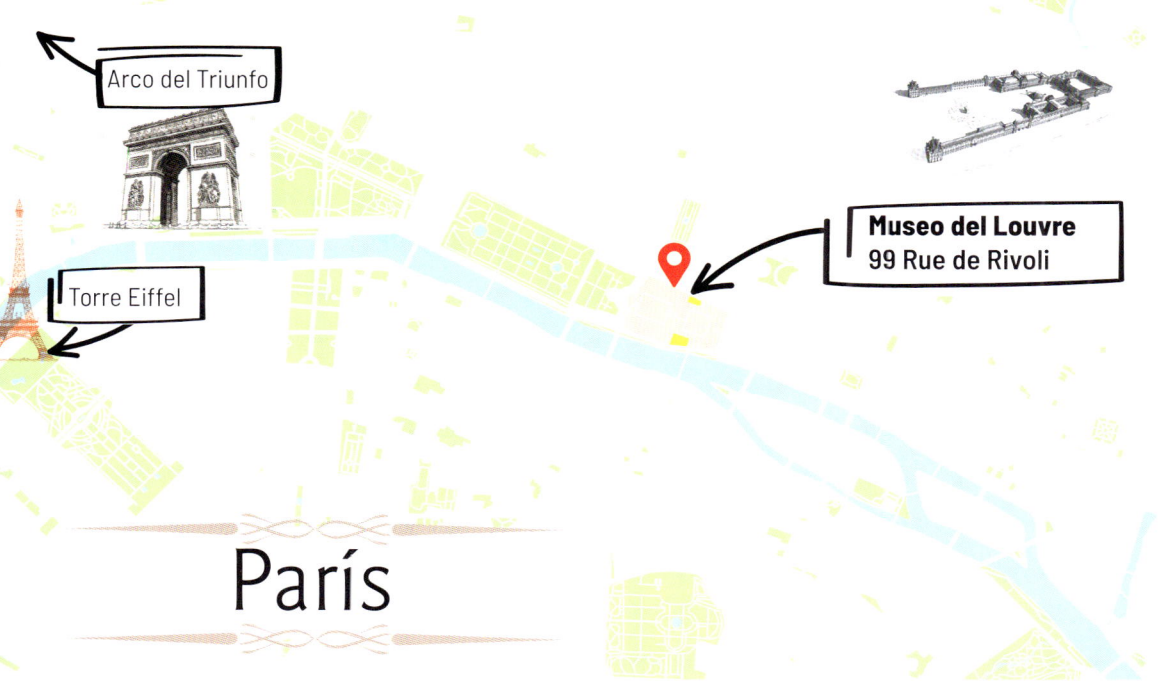

París

LOS TIEMPOS HAN cambiado: lo dicen las canciones, lo dice con media sonrisa la Mona Lisa. Hace más de un siglo, por ejemplo, desapareció de una sala del Museo del Louvre el retrato más célebre de nuestra era, sin que nadie se inmutase hasta día y medio después. Claro que entonces era tan solo una obra de arte para entendidos, otra más de las muchas que el Louvre atesoraba, y hoy es un figura pop, hiperpublicitada, ultraversionada –¿violentada?, evaluemos la imagen a la izquierda– que pertenece al erario visual del planeta.

El camino de la fama estaba empedrado de malas intenciones y Vincenzo Peruggia fue el albañil que puso las losas. El pobre solo quería hacerse rico a costa de todos y terminó creando un hermoso monstruo universal.

UN ITALIANO EN PARÍS

Peruggia era un italiano nacido en 1881, acogido por los franceses, alguien que encontró en el país vecino la estabilidad profesional que en su tierra no lograba. Qué cosas: lo mismo le pasó a Leonardo da Vinci con Francisco I cuatro siglos atrás. Sin embargo, Peruggia no era un inmigrante de primera: ni vivía en palacios ni lo cortejaban reyes. Había viajado hasta Lyon acompañando a su padre, pintor de casas, en 1897. Allí aprendió el idioma, *bien sûr*, y también comenzó su indeseada relación con el saturnismo, enfermedad debida al envenenamiento por plomo, contenido en las pinturas utilizadas por entonces.

Tras algunas idas y venidas, se estableció en París en 1907. *Oh, là là*! Aquella capital mundial del arte, a la que imaginamos culta, bohemia, adaptándose

Un 21 de agosto de 1911, lunes, Peruggia se vistió con la bata de empleado del museo y entró a las 7 de la mañana por la puerta Jean Goujon, junto con decenas de antiguos compañeros.

aún a la sombra abrumadora de la torre Eiffel, denostada dos decenios atrás y a la que los parisinos iban tomando aprecio. Peruggia se hizo un hueco como trabajador en el Museo del Louvre en 1910. Un templo de la pintura para un pintor de brocha gorda con aspiraciones. Antes trabajó en la construcción, tuvo algunos roces con la ley y fue detenido por intentar estafar a una prostituta y por llevar pistola en una pelea a puñetazos. Incluso sus hermanos lo apodaban «el loco». Sus compañeros de la construcción se metían con él y lo llamaban, jocosamente –*giocondamente*– «el come-macarrones». Vincenzo apuntaba maneras para dar suculentos titulares, pero se le fue de las manos.

¿Qué hacía un tipo como Peruggia en un lugar como el Louvre? Se dedicaba a tareas como el enmarcado de lienzos, a colocar cristales para proteger las obras, al mantenimiento en general. Solo pasó allí unos meses, en los que posiblemente fue feliz. Él, un inmigrante italiano, trabajando en el corazón de la cultura europea, mientras que sus viejos compañeros de la construcción *aborígenes* seguían tragando polvo en la obra, todo gracias a su maña y desenvoltura. No hay como emigrar, como salir de la zona de confort, para hacerse fuerte, para explorar tus límites. Durante unos meses, Vincenzo se imbuyó del hechizo del arte y quizá se marease como Stendahl ante tanta belleza.

Lo que sabemos es que, también, entre tanto arte vislumbró una oportunidad.

UN ROBO AFORTUNADO

Trabajar en el Louvre era como trabajar en un gran banco, donde los billetes están a la vista de todos, sostenidos por clavos en la pared. Hacía falta un plan y pocos escrúpulos para aligerar los fondos del museo, y Peruggia contaba con ambas cosas. Él ya no trabajaba allí, pero conservaba la amplia

La secuencia del robo, en la ilustración de un semanario de la época.

bata blanca que distinguía a los trabajadores del Louvre. Sabía que los lunes el museo estaba cerrado... tan solo para el público general. Así que un 21 de agosto de 1911, lunes, se vistió con aquella reconocible prenda y entró a las 7 de la mañana por la puerta Jean Goujon, junto con decenas de antiguos compañeros. Quizá alguno lo reconociera y saludase a aquel peculiar transalpino: eso no lo sabemos. Pero sí sabemos a dónde se dirigió: al *Salon Carré* (el «Salón Cuadrado»), una fastuosa estancia extremo oriental de la *Grande Galerie*, donde un siglo antes Napoleón Bonaparte y María Luisa de Austria contrajeron matrimonio. Esta digresión no le importaba a Peruggia. Lo que le atraía era que allí se acumulaban varias de las obras maestras más conocidas de la pintura italiana prerrenacentista y renacentista. Entre ellas, la *Mona Lisa*.

Se dice que Peruggia no iba, en un principio, tras el cuadro de Leonardo da Vinci, sino tras uno de Andrea Mantegna. Que, en última instancia, se decidió por el cuadro del toscano por su tamaño más manejable. Tiempo después, interesado en su defensa, Peruggia desmintió esto. Es un detalle fundamental, ya llegaremos a ello. Lo que urge ahora es comprobar cómo el italiano esperó a quedarse solo en la sala, momento en el que descolgó el marco de la Gioconda.

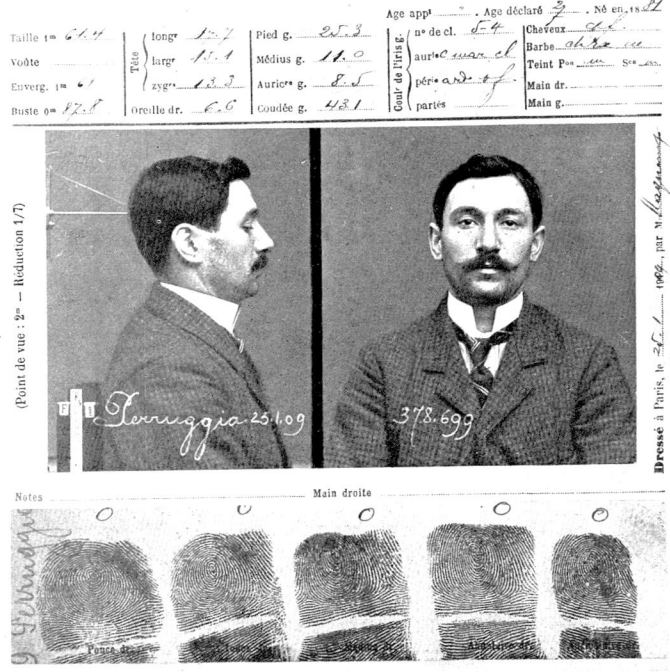

Ficha policial de Vincenzo Peruggia en la Gendarmería francesa en enero de 1909, dos años y medio antes del robo de la *Mona Lisa*.

Quizá imaginemos una gota de sudor frío por su frente, un pulso acelerado; o puede que en personajes de esa calaña eso no exista, que la desvergüenza funcione como el mejor relajante muscular. La cuestión es que descolgó sin problemas ese óleo sobre tabla de 77 x 53 cm, que la mirada pícara de Lisa Gherardini no lo inmutó y que se llevó el cuadro, todo, hacia las escaleras de una sala más escondida. Allí desmontó el marco y el cristal y escondió la tabla bajo su bata blanca. ¿Qué se siente, Peruggia, con la *Mona Lisa* pegada al pecho, respirando tu olor? Posiblemente no haya habido otro mortal más que pueda decirlo.

Así salió Vincenzo del Louvre, subió al primer autobús, se dio cuenta de que había tomado la dirección equivocada, se bajó, y tomó un taxi que lo llevó a su casa, a la *rue* de l'Hôpital Saint-Louis, donde escondió el cuadro.

¿Y QUÉ PASÓ EN EL LOUVRE?

Aquel 21 de agosto nadie reaccionó en el Louvre. Quienes vieron el hueco que había dejado el cuadro de la Gioconda no se alteraron. Era normal que las obras pasasen varios días fuera de lugar por cuestiones de restauración o inventario. Por entonces, la mayoría de las obras aún no habían sido fotografiadas.

Al día siguiente, dos artistas acudieron al Louvre para copiar a los grandes maestros italianos del Renacimiento. Para ello, nada mejor que una visita al

Leonardo da Vinci recibió hacia 1503 un encargo de Francesco del Giocondo: pintar un retrato de su mujer, Lisa Gherardini. Luego, el genio, tan dado a dispersarse, no lo acabó y nunca llegó a entregarlo a la familia Giocondo. Esa obra viajó con Leonardo de aquí para allá hasta que se estableció en Francia, al servicio del rey Francisco I, donde la terminó. Este se la compró por unos 4 000 escudos de oro. Otros afirman que se la regaló. El nombre de Gioconda (la «alegre») viene por el apellido de su marido. *Monna* Lisa quiere decir, en italiano antiguo, 'señora' Lisa.

Francisco I de Francia, retrato de Jean Clouet, hacia 1527-1530. Museo del Louvre.

Salón Cuadrado, donde colgaban obras maestras como... Pero ¿por qué faltaba ese día la *Mona Lisa*? Extrañados, más que alarmados, preguntaron al jefe de seguridad. Este, a su vez, inquirió al *monsieur* Homolle, el director del Louvre, que dio orden de buscar el cuadro. Cuando encontraron el marco y el cristal, ya no había lugar a dudas: habían robado la Gioconda.

La policía llegó al Louvre. Se bloquearon las salidas, se registró a los visitantes y se batió todo el museo. Los gendarmes pensaban que el ladrón se había mezclado con la multitud o que era un trabajador, por lo que interrogó a todo el personal permanente. La noticia se hizo pública y se lanzó un llamamiento a los ciudadanos de París para que notificasen cualquier movimiento sospechoso durante aquellos días en las cercanías del Louvre.

La sociedad de los «Amigos del Louvre» anunció una recompensa de 25 000 francos para quien proporcionara información válida. Los medios contribuyeron a la difusión del escándalo y, a la par, empezaron a crear un mito. Pocos conocían por entonces la enigmática sonrisa de Lisa Gherardini. Ni siquiera Da Vinci era tan celebrado como hoy en día. La sociedad de la

Una de las fachadas exteriores del Museo del Louvre.

Fotografía del regreso de la Gioconda al Museo del Louvre, el 4 de enero de 1914.

información, del consumo de masas, con todo su alarde *kitsch*, se estaba formando aún y se iba conformando con sucesos como este.

MIENTRAS TANTO, EN UN OSCURO APARTAMENTO...

A Peruggia lo habíamos dejado en una habitación triste y destartalada, pero con una obra de arte que valía lo que toda la manzana. Como aquel cuartucho era muy húmedo y temía que la obra se estropeara, la confió a un compatriota que vivía en el mismo edificio. Al cabo de un mes, después de haber hecho una caja de madera para guardar el cuadro, lo recuperó y se lo quedó.

¿Y ahora, qué, Vincenzo? ¿Qué se hace con una obra que vale millones, cómo se transforma en billetes que te permitan vivir mejor, cumplir algún sueño, volver a Italia como un triunfador que se regresa de *hacer las Francias* sin dar explicaciones a nadie? De lo siguiente no hay pruebas, pero se trata de una hipótesis que han expresado algunos estudiosos: el robo habría sido encargado por un estafador argentino, el marqués de Valfierno, quien tras todo el revuelo se habría echado atrás. En cualquier caso, parece claro que la tormenta mediática aconsejó a Peruggia un tiempo de enfriamiento.

Durante esas semanas, el robo ocupó las portadas de periódicos y revistas. En el Louvre, los visitantes se arremolinaban para ver el hueco que había dejado la *Mona Lisa,* hasta que se decidió ocupar ese vacío con un cuadro de Rafael Sanzio de similar tamaño, el *Retrato de Baltasar Castiglione.* La policía amplió el radio de los sospechosos a albañiles, decoradores y personal contratado por un período breve, capítulo este en el que figuraba Peruggia. Y, en efecto, un buen día los gendarmes llamaron a la puerta de su habitación. Quizá ese día sí sudó Peruggia, sí se le aceleró el pulso ante la posibilidad de ser descubierto, de que sus antiguos compañeros –y media Europa– lo volviesen a llamar «come-

Picasso y el robo

Dos ilustres artistas de talla universal, que en 1911 aún no habían llegado a la cima, fueron considerados sospechosos del robo de la Gioconda: Pablo Picasso y Guillaume Apollinaire. Este último tenía un amigo que había robado en 1907, del mismísimo Louvre, dos estatuillas fenicias ibéricas, y sirvió de intermediario para que Picasso las comprase. El malagueño las utilizó como inspiración para su cuadro *Las señoritas de Avignon*.

Tras el robo, la policía ató cabos y detuvo y encarceló a Apollinaire -quien acuñó el término «surrealismo»-. Este les habló de Picasso, quien fue llevado a comisaría e interrogado. A falta de pruebas, ambos fueron puestos en libertad. Su amistad, desde entonces, se resquebrajó.

Pablo Picasso

macarrones», de que se riesen de su acento. Pero no; recordemos que era un inmigrante orgulloso y mañoso: había diseñado un escondite genial bajo la mesa que presidía su cuarto. El pequeño Peruggia estaba henchido. Él solito había conseguido engañar a la famosa Gendarmería francesa.

UNA VIDA CON LA MONA LISA

El tiempo pasó y Peruggia ya se había acostumbrado a comer, pensar, dormir y lo que quisiera que hiciese con la presencia de la *Mona Lisa*. Llegó incluso el momento de dejar París y volver a Italia, llevando consigo siempre una amplia maleta de al menos 77 x 53 cm. Quizá pudiese incluso desarrollar un cierto grado de *objetofilia*, una parafilia que explica la atracción emocional y sexual de algunas personas hacia determinados objetos. Si lo hizo, pesó menos que la codicia –o que liberarse de la pesada carga del pecado–, puesto que en el otoño de 1913 decidió deshacerse de la tabla.

Por entonces, el coleccionista de arte Alfredo Geri pretendía montar una exposición en su galería, para lo cual solicitó, a

Retrato de Baltasar Castiglione (hacia 1515), de Rafael Sanzio. Museo del Louvre.

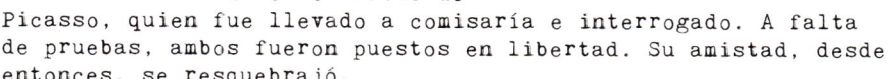

través de anuncios en periódicos, que los particulares interesados le prestasen sus obras. Peruggia –que por entonces residía en la ciudad de idéntico nombre– leyó dicho anuncio y consideró que esa era su oportunidad.

Geri recibió numerosas cartas. Una de ellas, sellada en Peruggia, contenía una propuesta para la venta de... ¡la *Mona Lisa*! La carta estaba firmada por un tal *monsieur* Léonard V. –apostemos quién podría ser– y ponía como condición que la obra se quedase en Italia. El coleccionista contactó con el director de la Galería Real de Florencia, quien le aconsejó cómo actuar. Concertaron un encuentro con *monsieur* Léonard el 11 de diciembre de 1913 en un hotel florentino. Geri examinó el cuadro con suma atención: el esfumado de Leonardo era auténtico.

Peruggia fue detenido al día siguiente por los *carabinieri* en la habitación de su hotel, sin tiempo apenas para despedirse de *su* Gioconda.

EL JUICIO ¿FINAL?

Meses después, la corte de Florencia preparó un proceso al que tuvo acceso la prensa internacional. Vincenzo Peruggia fue juzgado los días 4 y 5 de junio de 1914, ante un público que le profesaba gran simpatía. Allí era visto como un personaje pintoresco, incluso algo chiflado, quien no había osado a dañar el cuadro en más de 800 días de *convivencia* y que además había encaminado su defensa por una vía emocional.

Peruggia alardeaba de que él no había robado por dinero: sustrajo el cuadro del Louvre para devolvérselo a Italia, por puro patriotismo. Eso no casaba demasiado bien con los más de dos años durante los que guardó el cuadro, pero Peruggia insistía: todo surgió a raíz de ver un folleto del Louvre en el que se mentaban los cuadros que Napoleón se había llevado de Italia. Vincenzo se presentaba como

Galería de los Uffizi, en Florencia.

Dos *carabinieri* escoltan a Peruggia durante su juicio.

un patriota, aunque uno no muy cultivado: en realidad, Francia ya contaba con la *Mona Lisa* desde hacía cuatro siglos, por algo tan *denunciable* como una venta o cesión de Leonardo al mecenas que lo había acogido.

Bien fuera por la presión popular, bien porque el tribunal consideró que Peruggia no estaba del todo en sus cabales, lo condenaron a un año y 15 días de prisión. Poco después se la redujeron a siete meses, pero incluso fue puesto antes en libertad. Apenas cumplió dos meses de cárcel. Dice la leyenda que al salir de prisión se encontró con un grupo de estudiantes toscanos que le dieron 4 500 liras, el resultado de una colecta en nombre de todos los italianos.

En Italia conocían la historia del cuadro, así que no pusieron objeciones a la devolución de la obra. Eso sí, ya que el *destino* la había conducido hasta esas tierras, se montaron tres exposiciones para que el público disfrutase de la sonrisa de Gherardini: primero en los Uffizi de Florencia, luego en la embajada de Francia en Roma y finalmente en la Galería Borghese. Y todos contentos.

VUELTA A CASA

En enero de 1914, en un vagón especial de los ferrocarriles italianos, la Gioconda volvió a territorio francés. El 4 de enero regresó con gran pompa al Louvre, hasta el *Salon Carré*. Allí la esperaban el presidente de la República francesa y su Gobierno. Se había convertido en todo un símbolo: no hay como que te deseen fuera como para que en casa te quieran más. La repercusión del caso traspasó fronteras y universalizó la *Mona Lisa* hasta límites difíciles de prever.

Pronto estalló la Primera Guerra Mundial y el caso del robo quedó olvidado, pero la fama del cuadro prosiguió un camino propio. Peruggia participó en la contienda y pasó dos años en un campo de prisioneros austriaco. Tiempo después, como si no pudiera evitarlo, regresó a Francia. Se instaló con su familia en un suburbio de París. A su hija la apodaban «Giocondina» en el barrio. El mismo pecho que 14 años antes había escondido a la Mona Lisa dijo basta el día de su cumpleaños: murió de un infarto a los 44 años.

CUANDO IMPORTÓ MÁS EL ARTE QUE EL DINERO

LA EXTRAÑA HISTORIA DE UNA REIVINDICACIÓN CULTURAL

Algunos ladrones sí son gente honrada. O, al menos, no roban por dinero, sino por otro tipo de cuestiones, más o menos presentables. Cuando dos jóvenes estudiantes irlandeses se llevaron un cuadro de Berthe Morisot de la Tate Gallery no pretendían robarlo, sino, *tan solo*, llamar la atención. Sin embargo, hay veces que la realidad te da más de lo que deseas...

📍 Reino Unido, Londres, Tate Gallery.

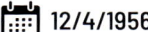

📅 12/4/1956

🔍 *Jour d'été*, cuadro de Berthe Morisot (pintado en 1879). Óleo sobre lienzo. 46 x 72 cm.

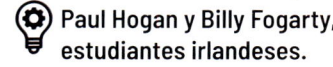

💡 Paul Hogan y Billy Fogarty, estudiantes irlandeses.

National Gallery

Embajada de Irlanda

Tate Gallery
5 Atterbury St

Londres

En las páginas de este libro habita, entre todas las cosas, la codicia. Si un extraterrestre llegase a nuestro planeta y leyese este ejemplar –sabia elección, alienígena, qué civilización tan avanzada– sacaría la conclusión de que somos una especie movida por el interés propio, egoísta, materialista y fetichista, robóticamente avariciosa. Pues nuestro marciano estaría equivocado. Porque además somos una máquina sentimental y para mostrárselo son necesarias historias como esta.

EL ROBO QUE NO QUISO LLEGAR A SERLO

Esta es la crónica de un robo cuyo éxito supuso un fracaso. O, si lo queremos así, del robo que fracasó por su inesperado éxito. Antes de dejar de leer por exceso de retruécanos, conviene un poco de paciencia y que el lector nos deje explicarnos. Estamos en Londres, en la primavera de 1956. Dos estudiantes irlandeses planean robar un hermoso cuadro de la impresionista francesa Berthe Morisot: *Jour d'été* (1879), expuesto en el museo Tate Gallery de Londres (ahora rebautizado como Tate Britain). Sus razones tienen, ya llegaremos a ellas.

¿Robar, hemos dicho? Bueno, quieren descolgarlo, sí, y salir por la puerta principal con él. Pero hablamos de la Tate Gallery y de un Morisot, y de la puerta principal, repetimos. De ahí no pasarán... ¿no? Lo esperable, y con eso cuentan, es que cuando intenten salir la seguridad los detenga, que se arme un follón, que haya una disputa y que la noticia salte a los medios. Ese es el objetivo. Ellos, por si acaso, avisan a un fotógrafo de la prensa irlandesa para que se sitúe a las afueras del museo, sin más indicaciones. Que espere, que algo pasará. O no.

CÓMO ROBAR UN CUADRO SIN QUERERLO

Paul Hogan, así se llama el apuesto irlandés de 25 años que va a perpetrar el acto (¿el robo?). Lleva varios días acudiendo a la Tate, con un permiso firmado por uno de sus profesores de la Facultad de Bellas Artes de Dublín para copiar y analizar el cuadro *Jour d'eté*, de Berthe Morisot. Buena elección, Hogan, es un cuadro estupendo. Y su coartada perfecta para estudiar en qué momentos del día los guardas del museo dejan la sala sin vigilancia. Es 1956, aún no hay alarmas, al menos en la Tate (en donde lo ha cedido la National Gallery). La seguridad se basa en un factor más... ¿humano? El cuadro valía unas 10 000 libras esterlinas, hoy cerca de 10 millones de euros.

Hogan cuenta con un cómplice, un buen amigo, Billy Fogarty, estudiante de veterinaria. El día de autos, un 12 de abril, acuden juntos al museo. Se sientan frente a la hermosa escena, situada en el Bois du Bologne, a las afueras de París. *Hoy el estudiante irlandés se ha traído un amigo, muy bien.* Otro día más en el museo para los solícitos vigilantes de la sala y el más especial de su vida para estos dos jóvenes, que esperan a que los primeros abandonen la estancia, siquiera unos segundos. ¡Ahora!

Mientras Fogarty simula hacer una copia del cuadro en un bloc de dibujo, Hogan lo levanta de la pared y lo mete dentro del gran portafolio que había llevado consigo para ese propósito. Es algo rápido, limpio y natural. Si algún paisano los ha visto, con tanto descaro solo pueden pensar que son dos empleados que toman el cuadro para fotografiarlo. Tiempo después, Hogan lo recordó así:

Fachada exterior de la Tate Gallery (ahora Tate Britain), en la actualidad.

«Debía salir corriendo por la puerta principal con él, donde un fotógrafo estaba esperando para tomar una fotografía. Pensé que probablemente entonces me detendrían. Esperábamos obtener una modesta cantidad de publicidad y obligar a las autoridades a hacer algo. Creíamos que podríamos pasar unos días en la cárcel, pero que eso sería todo».

Momento en el que Paul Hogan sale de la Tate Gallery con el cuadro *Jour d'été* entre sus brazos. Arriba, Billy Fogarty –tras ordenar al fotógrafo que dispare– espera que alguien de la seguridad del museo detenga a su amigo.

Abandonan la sala y nadie les da el alto. Llegan a la salida, y tampoco. Hogan baja con el cuadro los 19 escalones de entrada al museo, para su sorpresa y la de Fogarty. Y, ahora... ¿Qué demonios se hace con un cuadro robado que no se quiere robar? Por el momento, Fogarty chista desde las escaleras al fotógrafo «¡Ahora, ahora!», porque él –que no sabe exactamente lo que buscan aquellos jóvenes– no acaba de ver el escándalo que le habían dicho que se iba a formar. Y toma para la posteridad una imagen icónica: Hogan en el último peldaño, agarrando lo mejor que puede el pesado marco, con su abrigo de *tweed* cuyo cinturón suelto bambolea, tan largo y tan oscuro que casi parece un joven cura. Arriba, al otro extremo de las escaleras, Fogarty mira a su alrededor, como esperando a que alguien salga a decirles algo, incrédulo porque las cosas les hayan salido tan... ¿bien? ¿Tan mal?

Dublín

Puede que haya llegado el momento de explicarnos.

LOS ANTECEDENTES

Todo comenzó cuatro décadas atrás. Es el momento de conocer a *sir* Hugh Lane, marchante de arte y coleccionista irlandés. Un hombre de

Grabado que recrea el momento en el que el *RMS Lusitania* fue torpedeado. A la derecha, portada del diario estadounidense *Boston Journal* tras la tragedia.

buena familia, entregado a promocionar el arte irlandés en el extranjero, y que adquirió obras de arte, en especial de pintores impresionistas franceses. Cuando acumuló cierto número de obras, Lane abrió la Galería Municipal de Arte Moderno de Dublín (la primera galería pública de arte moderno de la que se tiene constancia). Fue en un edificio provisional, sufragado por el propio Lane, mientras se le buscaba un acomodo más permanente. Se propusieron un par de proyectos, ambos diseñados por el prestigioso arquitecto *sir* Edward Lutyens.

Sin embargo, buena parte de los ciudadanos de Dublín se manifestaron contra aquellas costosas iniciativas. ¿Y por qué no dedicar ese dinero a mejorar las viviendas de la ciudad, cuyos barrios marginales estaban tan abandonados? El arte como enemigo de la vida popular, en una falsa dicotomía que, no obstante, hizo carrera. Como su proyecto, de una u otra manera, no salía adelante, Lane cambió de idea y legó todos sus cuadros a la National Gallery de Londres.

¿Asunto concluido? No. En 1914 lo nombraron director de la Galería Nacional de Irlanda –todo un honor– y, guiado por un renovado sentimiento patriótico, se decidió a cambiar su testamento en un codicilo de 1915, en favor de dicho

Londres

El hundimiento del *RMS Lusitania*

Hugh Lane zarpó el 1 de mayo de Nueva York hacia Liverpool en este lujoso transatlántico. La Gran Guerra (1914-1918) había comenzado y Alemania había advertido que sus submarinos dispararían sobre cualquier objetivo de guerra. En un principio, los viajes comerciales fueron cancelados, pero tras el primer año las restricciones se suavizaron y se pensó que era seguro cruzar el Atlántico. Se sabía que el *RMS Lusitania* llevaba, además de casi 2000 pasajeros, armas y municiones para el ejército británico. El submarino alemán U-boot U-20 identificó el navío y le disparó un torpedo cuando pasaba frente a la costa del sur de Irlanda. El *RMS Lusitania* se hundió en 18 minutos y en el naufragio murieron 1198 personas y sobrevivieron 761. Entre los fallecidos se encontraban numerosas personalidades de la cultura y los negocios, como el citado Lane.

La magnitud de la tragedia provocó que la opinión pública en muchos países se opusiera al Imperio alemán y a sus aliados, lo cual contribuyó a la entrada de Estados Unidos en la guerra.

BOSTON JOURNAL

HUNDREDS OF LIVES ARE LOST ON THE TORPEDOED LUSITANIA

CHINA TO ACCEPT JAPAN'S DEMANDS

WALL ST. GETS BIG SHAKE-UP

Arriba: retrato de Hugh Lane
(1906), pintado por John Singer
Sargent.
Derecha: *Los paraguas* (1883), de
Pierre-Auguste Renoir, uno de los
más conocidos de la colección de
Hugh Lane.

museo. El codicilo fue firmado y fechado, pero sin testigos formales, por lo
que carecía de valor legal. Así estaban las cosas cuando la muerte sorprendió,
de la manera más insospechada, a Hugh Lane. Él formaba parte del pasaje del
infausto transatlántico RMS *Lusitania* (véase recuadro de la página anterior).

Aunque se conocía la existencia del codicilo, la auténtica última voluntad de
Lane, la National Gallery se metió las manos en los bolsillos y se puso a silbar.
Legalmente, para ellos, nada había cambiado. Pensemos en el contexto: por
entonces Irlanda aún formaba parte del Reino Unido, pese a que en aquellos
años se gestaba el ambiente que cristalizaría en la Guerra de Independencia
Irlandesa (1919-1921) y la emancipación de buena parte de la isla. Se miraba
con condescendencia a los pobres irlandeses, de tal manera que en documentos
oficiales británicos se referían al *affaire* Lane en términos lacerantes:

**❝Si bien reconocemos que el Estado irlandés tiene un derecho
moral sobre las pinturas, no creemos que los irlandeses posean
el nivel cultural suficiente para apreciar las obras ❞.**

Así que no, todos los cuadros de Lane –que ya estaban además en Londres– se los quedó la National Gallery. Que eran suyos. *Y punto.*

Punto final para los británicos, pero punto y seguido para los irlandeses. El mundo cultural irlandés, y en especial la Galería Nacional de Irlanda, no se olvidaron del asunto. Tampoco la familia de Lane, que mantuvo viva la llama del legado en el ambiente universitario dublinés.

El 12 de abril de 1956 también se celebró la boda del príncipe Raniero de Mónaco con la actriz estadounidense Grace Kelly. Al día siguiente, la noticia del robo del cuadro le arrebató protagonismo a la crónica social.

DE VUELTA AL ROBO

Es el momento de volver a nuestro presente, a nuestra mañana del 12 de abril de 1956, cuando Paul Hogan llega al final de la escalera de la Tate Gallery con el *Jour d'eté* bajo el brazo. Ahora sabemos por qué se lo ha llevado, qué pretende con ello. Es una acción propagandística, tan solo desea armar jaleo, ruido, que lo paren y se forme una buena trifulca, que la noticia salga en los medios, que el mundo recuerde que esos irlandeses *incultos* no lo son, que quieren lo que les pertenece. Él es un irlandés, un patriota y un apasionado estudiante de Bellas Artes, todo por sus patrias, la materna y la del corazón.

Pero si nadie le para, no hay noticia. Con eso no contabas, Hogan. ¿Qué hacer, dar marcha atrás, dejar ahí el cuadro? ¿Y qué se consigue con eso? Así que él y Fogarty paran un taxi y le piden que enfile hacia Picadilly Circus, por donde vive una tal Mary, la única irlandesa que conocen en Londres. Ella, qué remedio, acepta dejarles esconder la obra de arte debajo de su cama. Los jóvenes pudieron relajarse, pero no por mucho tiempo.

Por supuesto, en el museo se dan cuenta de lo que ha pasado y dan parte a la policía. La noticia llega a la prensa y el fotógrafo, que ya ha revelado la foto, toma consciencia de lo que tiene entre manos.

El talento de Morisot

Berthe Morisot (1841-1895) es una de las máximas figuras del impresionismo. Aunque en su momento fue relegada por su condición de mujer, la historia le ha devuelto un lugar preeminente en dicho movimiento. Fue gran amiga de Édouard Manet y se casó con el hermano de este, Eugène. Dominó como pocos la pintura al aire libre. Su cuadro *Jour d'été* (*Día de verano*, 1879) es una muestra.

Sir John Rothenstein (izquierda), director de la Tate Gallery en 1956, portando el cuadro *Jour d'été* de vuelta al museo tras su devolución en la embajada irlandesa.

Al día siguiente, esa imagen es portada en decenas de periódicos irlandeses, británicos y de todo el mundo. La identidad de Hogan, por supuesto, queda al descubierto. Su padre es un alto funcionario del Gobierno irlandés, cercano al Taoiseach –el primer ministro– De Valera, y se ve salpicado por el asunto. Se da por hecho que es un acto propagandístico por el legado de Hugh Lane, más que un robo al uso.

En cierto modo, aunque el asunto se les ha ido de las manos, Hogan y Fogarty comprenden que han cumplido, con creces, su objetivo. Y que han de devolver lo antes posible la obra antes de que se les ascienda de alborotadores a ladrones en toda regla. Su amiga Mary se las arregla para dejar el cuadro, de manera anónima, en la embajada irlandesa en Londres. Se recupera la integridad del cuadro, pero los dos jóvenes irlandeses son, técnicamente, unos prófugos de la justicia. La policía los localiza camino al ferry de Liverpool, pero reciben la orden de hacer la vista gorda. De hecho, llaman a su familia en Dublín y les avisan de su llegada. La razón de este comportamiento es simple: el Gobierno británico no desea convertir a unos *jovenzuelos* alborotadores en mártires, sería todo un disparo al pie por un asunto *menor*. Así que Hogan y Fogarty regresan a Irlanda y, como si de una comedia teatral griega se tratase, todo vuelve a su estado de reposo, al orden preestablecido.

EPÍLOGO ARTÍSTICO

Un momento. No todo quedó como estaba. Sin duda, aquellos dos jóvenes lograron que el asunto del legado Lane recobrase vigencia. En 1959, la National Gallery de Londres y la Galería Nacional de Dublín acordaron que la mitad de la colección se conservaría en Londres y la otra mitad se exhibiría en préstamo a la Galería Hugh Lane de Dublín –porque la propiedad en sí se mantenía en manos británicas–, rotando cada cinco años. Desde entonces, cada cierto número de años se va actualizando el acuerdo, y cada vez más obras se exhiben de manera permanente en Dublín. En el último acuerdo, de 2021, se firmó un intercambio de dos grupos de cinco cuadros cada cinco años, mientras que dos obras se conservarán de manera permanente en Londres y las otras 27 en Dublín.

Este caso trae a colación el uso (y abuso), cada vez más habitual, del arte como rehén para realizar propaganda. Son numerosos los activistas de causas políticas, medioambientales, etc., que emplean el ataque a celebradas obras de arte exhibidas en los museos para hacerse escuchar. En ocasiones ponen en riesgo la integridad de unas obras que forman parte del patrimonio de la humanidad. Hogan y Fogerty también pusieron en riesgo el cuadro de Berthe Morisot, pudo haberse dañado. A su favor juega el hecho de que por entonces fue un hecho aislado y que se utilizó el arte para publicitar asuntos del propio arte. En cualquier caso, vayamos a disfrutar de *Jour d'été* (en Dublín o en Londres, donde toque).

Exterior de la Galería
Hugh Lane, en Dublín
(anteriormente, Galería
Municipal de Arte
Moderno).

EL ROBO JUSTICIERO DE UN ABUELO

CUANDO ROBAR ES MENOS TRISTE QUE PEDIR

En 1965, en el Reino Unido, no solo se escuchaba a The Beatles ni se pensaba en el próximo Mundial de fútbol que organizaría el país. También había quien se preocupaba por el acceso a la televisión pública y por lo que el Gobierno se gastaba en cosas prescindibles... ¿como el arte? Fuera como fuese, el asunto dio lugar a un robo disparatado desde el principio hasta su sorprendente fin.

📍 Reino Unido, Londres, National Gallery.

📅 21/8/1961

🔍 *El duque de Wellington*, cuadro de Francisco de Goya (pintado de 1812 a 1814).
Óleo sobre tabla.
64 x 52 cm.

💡 Kempton Bunton, jubilado justiciero.

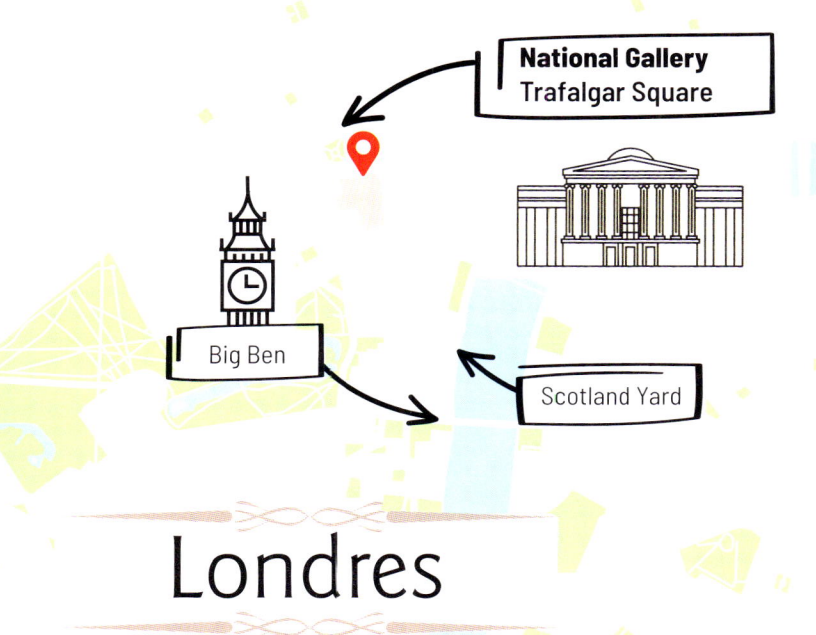

Londres

No diremos que esta historia –porque más que un robo es eso, una historia–
es digna de una película porque se nos adelantaron. En 2022 se estrenó *El
duque*, que cuenta los avatares de este esperpéntico suceso. ¿Hemos dicho
esperpéntico? Quizá haya algo de eso –atentos al final–, pero también hay
mucho de historia –la que escriben los historiadores–, de geopolítica y de
dignidad, o de algo que se le parece. Empezaremos por el principio.

LOS ORÍGENES DEL CUADRO

Contamos aquí la desaparición, en la National Gallery de Londres, de un
cuadro de Francisco de Goya: *Retrato del duque de Wellington* (1812-1814). No
es una de las obras más destacadas del genio aragonés, con lo cual se le puede
considerar, tan solo, un retrato estupendo. Sin embargo, el relato del cómo-
se-hizo es uno de los más jugosos que se recuerdan. ¿Pudo este cuadro haber
cambiado la historia de Europa?

Ramón de Mesonero Romanos, ilustre periodista del siglo XIX, relató en sus
Memorias de un setentón, natural y vecino de Madrid la intrahistoria de
nuestra obra. La invasión de España por parte de Francia había dado lugar a la
Guerra de Independencia (1808-1814). Inglaterra, natural enemiga de Napoleón
Bonaparte, estaba aliada con Portugal y la resistencia española. Al mando de las
tropas británicas se encontraba, desde 1808, Arthur Wellesley (en el futuro más
conocido como el duque de Wellington). Bajo su mando, los aliados lograron el
triunfo en batallas decisivas.

La escena no fue a mayores, pero... ¿Y si la sangre hubiera llegado al río? ¿Pudo Goya haber acabado con la vida del hombre que ganó a Napoleón en Waterloo?

Su pericia militar estaba fuera de toda duda. También, según algunos de los que lo conocieron, su altanería y desprecio por lo español. No se encontraba del todo a gusto Wellesley en España, lo consideraba –no sin razón– un país atrasado, algo bárbaro. Pero dejemos atrás los tópicos. Mesonero Romanos era buen amigo del general Álava, uno de los oficiales más destacados durante la guerra contra los franceses y mano derecha y traductor del próximo duque de Wellington durante su paso por la península. El militar también era camarada del pintor aragonés y creyó conveniente aconsejar al inglés que posase para el célebre artista, quizá a modo de rebajar ese desdén que mantenía con el panorama español.

EL GENIO DE DOS GENIOS

Wellesley tenía plena confianza en Álava –su amistad fue profunda y duradera– y aceptó. Las tropas aliadas habían provocado la huida de Madrid de José Bonaparte y el duque paraba unos días por la capital. Aprovechó para visitar, junto con su amigo Álava, el estudio de Goya. Por entonces, el de Fuendetodos ya era un hombre de vuelta de casi todo, un tanto misántropo, aislado de más por su sordera, desencantado tanto con los franceses como con los ingleses (por no mentar a los españoles). De los británicos sabía que no estaban en España para ayudar al país, sino por propios intereses, algo que los hechos confirmaban día a día. En definitiva, que la visita de Wellesley tampoco le entusiasmaba.

En apenas una hora bosquejó la base del retrato y se lo enseñó. Ni el inglés hablaba español, ni el

Francisco de Goya, según el retrato que pintó Vicente López Portaña en 1826.

español, inglés (además de estar sordo), pero bastaron los gestos de Wellesley para mostrar su desprecio por el cuadro, y dijo que no lo aceptaría. Se despachó a gusto contra el pintor, quien, aunque sordo, sabía lo que decía el militar, y *cómo* lo decía, en la presencia de Álava y de Javier, hijo de Goya. El genio montó en cólera cuando vio al inglés darse media vuelta y ponerse el sombrero, afeando su trabajo. Goya siempre tenía en su despacho unas pistolas cargadas, por lo que pudiera pasar. Iracundo, se lanzó a por ellas, y el inglés llevó el puño a su espada. El hijo de Goya se lanzó a contener por la fuerza a su padre y el general Álava disculpaba al aragonés ante Wellesley, tachándolo de enajenado mental.

La escena no fue a mayores, pero... ¿Y si la sangre hubiera llegado al río? ¿Pudo Goya haber acabado con la vida del hombre que ganó a Napoleón en Waterloo? ¿Habría perdido el francés su imperio igualmente? Nunca lo sabremos. Nos queda, al menos, el cuadro, que Wellington acabó comprando cuando bajaron las aguas y Goya lo terminó.

UN CUADRO SUBASTADO

Dejamos la España de principios del XIX y llegamos al Reino Unido de mediados del XX. Aquí encontramos dos tramas que confluirán en el insólito (o estrambótico) robo. Por un lado tenemos el cuadro, que en 1961 estaba en manos de John Osborne, undécimo duque de Leeds, par de Gran Bretaña, un hombre alcohólico y egocéntrico, cuyo comportamiento desmentía su supuesta nobleza, y que había disipado gran parte de la riqueza de la familia. Así que pensó que había llegado el momento de deshacerse del cotizado retrato de su célebre y muy

Exterior de la National Gallery, en la plaza de Trafalgar.

lejano antepasado. Lo subastó en Sotheby's en 1961, donde un coleccionista estadounidense ofreció por él 140 000 libras esterlinas (unos cuatro millones de euros). Que un rico norteamericano se fuese a llevar del país el retrato de una de las mayores glorias nacionales sentó como un tiro al orgullo patrio. El Gobierno tomó cartas en el asunto y sufragó parte de la cantidad que igualó la puja, con lo que el cuadro se quedó en Inglaterra. En concreto, decidieron exhibirlo en la escalera principal de la National Gallery, en Londres.

Hasta aquí, todo iba dentro de unos cauces previsibles.

UN JUBILADO CARGADO DE RAZONES

No muy lejos de allí y al mismo tiempo, la bilis de un conductor de autobuses ya jubilado estaba alcanzando niveles poco recomendables para la salud, un poco al estilo de Goya *versus* Wellesley. Kempton Bunton se llamaba aquel hombre, en el que fraguaba una tormenta perfecta: irritación, sentimiento de injusticia, tiempo libre... y una pensión mísera. Tras una vida de múltiples trabajos que le había otorgado una familia numerosa y una relativa comodidad proletaria, Bunton se había creado su propio caballo de batalla.

Desde hacía décadas, la BBC –el canal británico público– se financiaba mediante un canon, es decir, un impuesto obligatorio para todo aquel que tuviese un televisor. Bunton consideraba ese pago una injusticia hacia los jubilados que, como él, recibían una pensión raquítica. En varias ocasiones se había negado a pagar el canon, por lo que le impusieron una multa que, pleno de coherencia, tampoco pagó. Por aquello pasó 13 días en prisión. Así que cuando supo que el Gobierno había pagado una millonada por el pequeño cuadro de un pintor extranjero, la bilis de Bunton rebosó. Estaba convencido de

El libre acceso a la televisión pública británica estaba detrás de las motivaciones del ladrón del cuadro.

que la televisión paliaba la soledad de las personas que estaban aisladas y solas y el Gobierno se gastaba una fortuna en cosas de ricos. ¡Eso era el colmo!

A Bunton nunca le había faltado cierto grado de excentricidad, y a menudo lo definían como un tanto cascarrabias. Nos lo podíamos imaginar. Son dos ingredientes necesarios para pasar de la irritación a la acción. Para alguien que había vivido dos guerras mundiales, resultaba claro que había que conocer al enemigo antes de enfrentarse a él. Así que, a los pocos días de exhibirse al público el *Retrato del duque de Wellington*, Bunton se acercó a verlo a la National Gallery. En una sala trabó conversación con uno de los encargados de la vigilancia. Este le admitió lo sencillo de su trabajo desde que se habían instalado las novísimas alarmas de seguridad, que sonaban si alguno de los cuadros expuestos se movía. Eso era así siempre... menos a primera hora, le dijo, cuando se desconectaban para que el personal de limpieza hiciera su labor.

Quizá aquel empleado de seguridad considerase inocuo a aquel cincuentón ocioso, grandullón y algo obeso. Sin duda, no sabía que estaba hablando con todo un Kempton Bunton, de profesión jubilado colérico.

UN PLAN «PROFESIONAL»

Aquella información no cayó en saco roto. Bunton trazó un plan, demoledoramente sencillo. Visitó el museo una tarde de agosto, a última hora, tomando la precaución de dejar abierta la ventana del baño antes de salir. Al día siguiente, 21 de agosto –el mismo día en que Vincenzo Peruggia, medio siglo antes, había robado la *Mona Lisa* del Louvre– pasó sus 115 kilos y 185 centímetros por el hueco de esa abertura de 50 centímetros, a seis metros de altura. Era primera hora de la mañana, cuando estaban limpiando el museo. Entró, descolgó el cuadro, se deshizo

> *A Bunton hay que admitirle algo: no pedía para él, sino para otros como él. Qué va: más pobres que él. Si queremos compararlo con Robin Hood, llegamos tarde.*

del voluminoso marco y salió por donde había entrado. Para que luego digan que un jubilado ya ha dejado atrás lo más brillante de su vida.

Bunton envolvió la obra en papel de periódico y la escondió en su vivienda de protección oficial de un suburbio de Newcastle, tomando precauciones para que su esposa no lo encontrase.

Cuando la National Gallery abrió al público, poco tardaron en darse cuenta de la sustracción. La policía carecía de cualquier indicio, más allá de constatar que el cuadro que había costado una pequeña fortuna al erario público había desaparecido a los 19 días de su exposición. El director del museo dimitió, pero el escarnio era de tamaño nacional. Aquel robo solo podía haberlo ejecutado una banda de ladrones de arte de escala internacional. Quizá estuvieran a sueldo del magnate estadounidense al que se le arrebató el cuadro *in extremis*... Quizá fueran ladrones franceses, para darle un último merecido al vencedor de Napoleón... La Interpol situaba al cuadro fuera del Reino Unido. Se anunció una recompensa de 5 000 libras a quien pudiera dar una pista sobre el paradero de la obra de Goya.

La policía británica removió cielo y tierra y no escatimó medios: con perros que husmeaban por tierra, buques que fiscalizaban el mar o incluso aviones que oteaban desde el aire. Resultado: ninguna pista. Aquella banda de apandadores era buena, realmente buena.

LA HORA DEL «RESCATE»

Mientas tanto, en una casa de protección oficial de Newcastle, Kempton Bunton seguía los pasos de su plan. Ahora había que sacar partido a su robo y pedir un justo rescate, o chantajear, según a quién preguntemos. A Bunton hay que admitirle algo: no pedía para él, sino para otros como él. Qué va: más pobres que él. Si queremos compararlo con Robin Hood, llegamos tarde: tanto los medios como él mismo eran conscientes del *parecido*. Así que comenzó a enviar una serie de cartas a medios de comunicación y a Scotland Yard. La primera la dirigió a la agencia de noticias Reuters. En ella solicitaba la creación de un fondo de ayudas que permitiese a los jubilados sin recursos pagar el canon de la BBC, además de exigir una amnistía –o el destierro, en su defecto– para el ladrón.

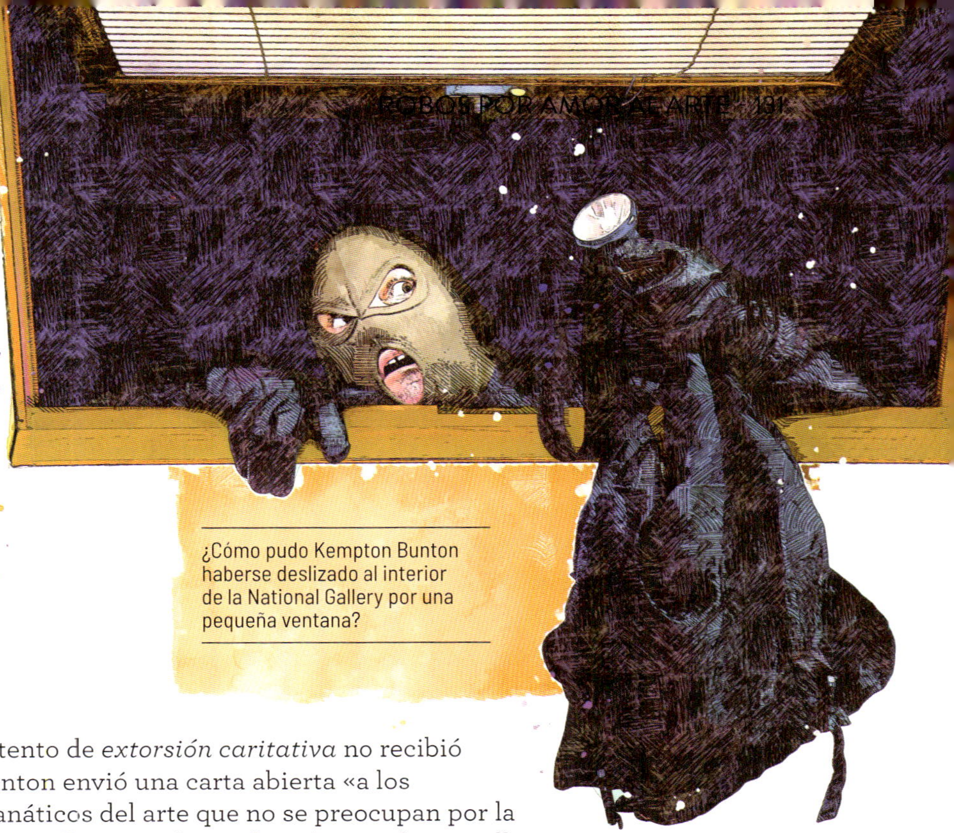

¿Cómo pudo Kempton Bunton haberse deslizado al interior de la National Gallery por una pequeña ventana?

Como este intento de *extorsión caritativa* no recibió respuesta, Bunton envió una carta abierta «a los millonarios fanáticos del arte que no se preocupan por la gente humilde». Allí mismo les reclamaba que fuesen ellos quienes suscribieran ese fondo de ayuda. Arte por televisión, *dadnos nuestro circo y yo os daré vuestro pan*. Por supuesto, ni esta ni las siguientes misivas obtuvieron su objetivo, pese que aquellas curiosas cartas cada vez cobrasen mayores visos de autenticidad.

El tiempo pasaba y Bunton veía que sus peticiones –con cada carta, cada vez más *súplicas*– no eran atendidas. Y no debía de ser fácil convivir con el cuerpo del delito mes tras mes, año tras año. Kempton ya estaba obsesionado con la posibilidad de que la policía identificase sus huellas dactilares en las cartas que había ido enviando. Así que en 1965 escribió su última carta, en la que proponía devolver «intacto» el cuadro, pero que –*erre que erre*– sería oportuno

Bunton envió cinco cartas durante los cuatro años que guardó el cuadro. Las enumeraba «Goya Com. 1», «Goya Com. 2»... y así sucesivamente.

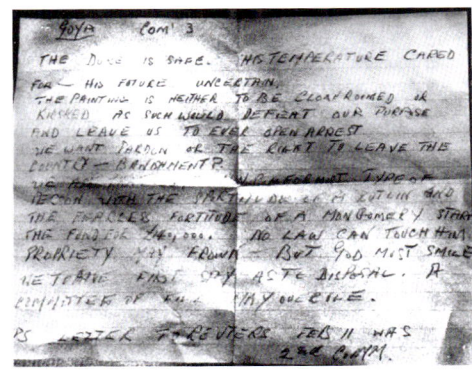

El robo en el cine

El robo de *El retrato del duque de Wellington* tuvo tanta repercusión como para tener que disfrutar de un cameo en la primera película de las aventuras del agente James Bond (*Agente 007 contra el Doctor No*, 1962). Cuando el personaje interpretado por Sean Connery entra a  la guarida submarina del Doctor No, se cruza con el mismísimo retrato del duque. No llega a decir nada, pero Bond se percata del asunto y lo contempla unos segundos. Sin duda, un guiño para los espectadores de la época, que posiblemente hoy pase desapercibido.

que se montase una exposición para que el público pudiese contemplar la ya célebre obra, y que el pago de la entrada fuese destinado a rebajar el canon a los jubilados. Sin embargo, no le hacían caso. En junio de ese año, en las oficinas del diario *Daily Mirror* recibieron un anónimo con un recibo de la consigna de la estación de New Street, en Birmingham, donde se indicaba que allí encontraríann el *Retrato del duque de Wellington*.

En efecto, el cuadro estaba intacto. Y sin pistas para determinar quién lo había colocado allí. Tan misteriosa había sido su desaparición como su aparición. Pocos días después, el Goya colgaba de nuevo en la National Gallery.

BUNTON SE ENTREGA A LA LEY

Sin embargo, el caso no se iba a quedar ahí. Bunton aún rumiaba su fracaso –si se podía llamar así– y una tarde, en la barra de un típico pub inglés, se fue de la lengua. Delante de unos paisanos ofreció demasiados detalles sobre el robo, prácticamente se autoinculpó. Quien lo conociera sabría que su vecino daba el perfil de jubilado excéntrico («Robin Hood televisivo», se le apodaba) con el que los medios lo habían definido. Y Bunton pensó que sería mejor entregarse él y apuntarse el tanto, antes de que algún parroquiano se llevase una recompensa por denunciarlo.

Así que se presentó en una comisaría, acusándose del robo más publicitado de la década. A Bunton, tan ufano y orondo, con ese aire a lo Alfred Hitchcock, no le acabaron de creer en un primer momento. Sí, *claro*, ese señor fuera de forma iba a haber entrado por una pequeña ventana cuatro años atrás. *Se cree usted*

Kempton Bunton, fotografiado con su pipa el 11 de agosto de 1965 en los aledaños del juzgado de Londres donde se le enjuició.

que somos tontos (y no lo eran, a eso ya llegaremos). Pero a la acumulación de detalles que ofreció se le unió su «pasado antisistema»: sus antecedentes policiales, derivados de su negativa a pagar el canon, resultaban del todo «coherentes». Y un detalle no menor: su escritura era idéntica a la de las cartas que habían salido en primera plana de los periódicos. Así que no cabía otra que detener a ese peligroso sesentón, pese a que dieran ganas de darle un abrazo.

LA LEY SE ENTREGA A BUNTON

El juicio posterior estuvo a la altura de la extravagante historia que la había precedido. El asunto era de máxima prioridad mediática, de apertura de telediarios y de cinco columnas en los periódicos, lo que le proporcionó a Bunton una ventaja inesperada. Jeremy Hutchinson, posiblemente el abogado

A esta historia aún le faltaba un último giro de guion, quizá –y ya es difícil– el más sorprendente. En 2012, el Archivo Nacional británico publicó un documento confidencial de 1969.

I HAVE THE GOYA.
...BEL ON BACK SAYING
DEPOSITORIES. JERSEY.
...EEDS. DATE 22.8.58
CROSS RIBS EACHWAY BAC...
ATTEMPT TO PICK THE
WHO LOVE ART MORE THA...
...IS NOT DAMAGED APAR...
OF SCRATCHES AT SIDE.
PERFECT.
...NOT, AND WILL NOT BE FOR
RANSOM – £140,000 – TO BE
...TARTED – IT SHOULD BE QUICK...
ON THE PROMISE OF A FREE
...E CULPRITS – THE PICTURE WILL
...ACK. GROUP CONCERNED IN THIS
...E ANY CRIMINAL CONVICTIONS...
...E ARE URGED TO GIVE, AND HE...
...O A SPEEDY CONCLUSION.

Otra de las cartas con las que Bunton pidió 140 000 libras esterlinas para una organización caritativa que resolviese el asunto del canon televisivo.

más famoso del Reino Unido, se ofreció a defenderlo sin cobrar ni un solo penique. Hutchinson había dirigido la defensa en juicios tan sonados como el de la publicación de *El amante de Lady Chatterley*, un libro prohibido por su contenido sexual. En su nuevo caso, planteó que su defendido era abiertamente culpable de haberse llevado el cuadro, pero inocente de los cinco delitos de los que le acusaba el fiscal de la Corona británica. Porque, *claro*, Bunton nunca quiso quedarse el cuadro, sino que tomó prestado algo cuya propiedad era de todos los británicos –y también suya, en parte– y lo custodió con sumo cuidado. Y no, en realidad no había pedido un rescate por el cuadro, si acaso hizo un pequeño acto de *chantaje emocional*, cuya motivación era noble y elevada y en absoluto buscaba su propio beneficio. La legislación británica, además, en aquel momento consideraba que para que un acto se definiese como «robo» se requería que el ladrón tomase algo de otra persona para privarle *permanentemente* de ese bien, lo cual no era tampoco el caso.

La opinión pública bendijo aquella visión edulcorada –aunque no carente de base, hay que admitirlo– de un Robin Hood televisivo, irritado por la decisión gubernamental de gastar en un trozo de lienzo lo que no dedicaba para garantizar el acceso de la televisión –esa compañera que siempre está ahí cuando la necesitas– a los más pobres y necesitados.

Así que cuando el jurado popular hubo de pronunciarse, tuvo claro que había que atenuar la dureza del castigo. La sentencia condenó a Bunton a tres meses de cárcel, tan solo por el robo del marco del cuadro, que fue lo único que no llegó a recuperarse. Por si acaso, la justicia británica tomó nota y en 1968 se aprobó una ley en la que se consideraba delito, expresamente, el tomar cualquier objeto expuesto al público en un museo. Porque aquella vez podría guardar su gracia... pero con esa bastaba.

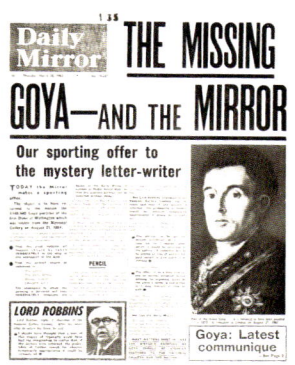

El robo del cuadro de Goya tuvo gran repercusión en los medios. De izquierda a derecha, un cartel de la policía (1961) en el que se ofrecía una recompensa por cualquier información útil para solventar el robo; una portada de marzo de 1965 tras una nueva carta del ladrón; y otra portada de noviembre de 1965, después del cierre del juicio.

¿COLORÍN COLORADO?

Kempton Bunton cumplió sus tres meses de cárcel y regresó a su casa, donde le esperaba su mujer y no sabemos si alguno de los cinco hijos que habían criado. Vivió 11 años más y también ignoramos si volvió a pasarse por la National Gallery, en cuya sala 39 colgaba, sin rencores, su buen amigo el mariscal Wellesley.

Pero a esta historia aún le faltaba un último giro de guion, quizá –y ya es difícil– el más sorprendente. En 2012, el Archivo Nacional británico publicó un documento confidencial de 1969, en el que uno de los hijos de Kempton, John, confesaba ser el autor del famoso robo. Los medios sacaron a la luz el secreto familiar de los Bunton, que ellos mismos confirmaron. A John lo habían arrestado por un delito menor en Leeds y, temiendo que sus huellas coincidiesen con alguna de las existentes en el cuadro o en las cartas, se autoinculpó (de un crimen que ya estaba cerrado). Y, en efecto, aquello tenía sentido. Recordemos que no acababa de cuadrar que alguien con el físico de Kempton se hubiese colado a la National Gallery por una ventana a seis metros de altura. John admitió que tanto él como su hermano Kenneth sabían de las intenciones de su padre, y que decidieron ayudarle. Él fue el autor material, del resto se encargó su padre.

En cualquier caso, cuatro años después del juicio, la policía decidió no profundizar. Se prefirió considerar que aquella confesión no resultaba clara –la relación de parentesco no ayudaba– y que en caso de darla por buena, habría que procesar por perjurio al padre, todo basado en ese mismo lábil testimonio. Y, qué demonios, que ya se había hecho demasiado el ridículo con todo aquello.

Para cerrar una crónica sobre robos, sin embargo, resulta una guinda excelente.

MACROGOLPE: ¡ROBAN 13 OBRAS EN BOSTON!

EL GRAN ROBO EN EL MUSEO ISABELLA STEWART GARDNER

El robo más valioso de la historia del arte sigue vigente. Aún no se han recuperado las 13 obras sustraídas de este peculiar museo de Boston, con piezas de grandes maestros como Rembrandt, Vermeer o Manet. El hueco que dejaron los cuadros robados sigue abierto en los corazones... y en las propias paredes del museo.

📍 Estados Unidos, Boston, Museo Isabella Stewart Gardner.

📅 18/3/1990

🔍 13 obras de arte, entre ellas, *Cristo en la tormenta del mar de Galilea*, cuadro de Rembrandt (1633). Óleo sobre lienzo. 160 x 128 cm.

💡 Se desconoce quién lo ejecutó.

Boston

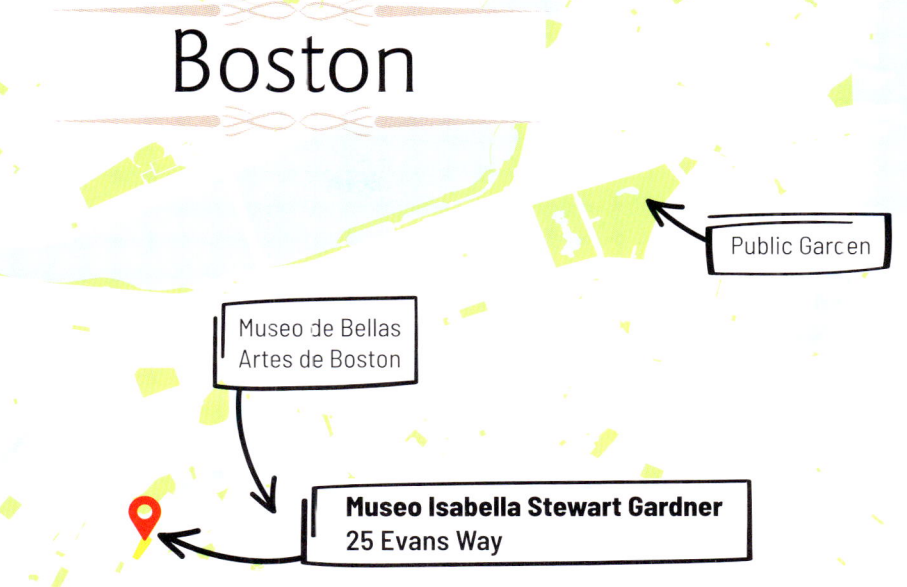

Public Garden

Museo de Bellas
Artes de Boston

Museo Isabella Stewart Gardner
25 Evans Way

CUANDO LLEGA EL 17 de marzo son muchos –no solo abuelos y gente de edad–
los que activan un resorte mental: es la festividad de san Patricio. Y no es tanto
por devoción como porque esa fecha nos remite al patrón de Irlanda, *Saint Patrick*.
La diáspora de irlandeses en el siglo XIX llevó esta celebración por medio mundo.
Esa internacionalización, y el empuje de la literatura y el cine, han convertido
el día de san Patricio en mucho más que una fiesta nacional. Es una jornada de
celebración para millones de personas por todo el planeta. El jaleo es contagioso.

También es un buen día para robar un museo, si estás por Boston. Al menos, lo
fue en 1990.

LOS INICIOS DEL MUSEO

El Museo Isabella Stewart Gardner se alza en Boston (en el estado de
Massachusetts) desde 1903. El edificio era la residencia habitual de la propia
Isabella –su marido, John Lowell Gardner II, falleció justo antes de empezar
a construirla, en 1898– que mandó hacer según sus gustos, que eran los de
los millonarios americanos de la época: un poco de Venecia por aquí, de
Renacimiento por allá, e incluso, por qué no, un poco de gótico. También compró
elementos originales romanos, bizantinos y románicos para integrarlos en el
diseño. El resultado, por extraño que parezca, fue un hermoso hogar, con un
acogedor patio ajardinado, cubierto por un innovador techo de vidrio.

Desde el principio, Isabella sabía que su mansión de Fenway Court estaba
destinada a acoger su enorme –y creciente– colección de arte. El museo abrió

con gran pompa –y solo para amigos y celebridades– el 1 de enero de 1903, empleando las tres primeras plantas para la exhibición, mientras que la cuarta la conservó la dueña para sus aposentos. En la inauguración tocó la Orquesta Sinfónica de Boston y se descorchó champán a raudales. Isabella (véase el recuadro) era, en sí misma, una gran celebridad nacional, una figura de la prensa rosa, antes de que esta existiera. Meses después, se abrió al público, con una vasta colección de pinturas, ilustraciones, muebles y objetos que iban desde el antiguo Egipto hasta el posimpresionismo. Sin duda, un orgullo para la ciudad.

En 2012, el museo abrió una nueva sede, aledaña a la de Fenway Court. La diseñó el célebre arquitecto Renzo Piano, con la intención de que fuese un «sobrino respetuoso de la tía abuela». Tres décadas atrás había sucedido otro hecho que cambió la historia del museo. Algo mucho menos respetuoso.

Renzo Piano estaba obsesionado con la distancia correcta entre el palacio histórico y el ala nueva, comparándolo con dos personas que necesitan estar a la distancia adecuada entre sí para tener una conversación. Los unió con un pasillo de vidrio que cruza los jardines. Abajo, la fachada de Fenway Court. A la derecha, entrada del nuevo museo, donde se refleja el viejo.

Isabella, filántropa y coleccionista

Riámonos juntos de las pretendidas *celebrities* (que se dice en su idioma inglés) de hoy en día, los famosos de la prensa rosa y los aupados por las redes sociales. Isabella Stewart Gardner sí que era una auténtica celebridad, quizá la más comentada de su época, una muy diferente a la nuestra en cuanto a la cantidad de altavoces.

Nació en 1840 en Nueva York, pero desde joven viajó y viajó y pasó su adolescencia en Europa, empapándose del egregio arte del Viejo Continente. Isabella, claro, era hija de una familia acaudalada y de estupendas relaciones. Como era de esperar, se casó con un heredero tan rico o más que ella, y juntos formaron una familia bastante feliz. Pero su primer y único hijo murió al año, ella quedó incapacitada para tener otros, y su camino para salir de la depresión fue viajar, viajar sin descanso.

Isabella recuperó la alegría, y de qué modo. Se convirtió en una mujer de energía inagotable, una locomotora que tiraba de proyectos y de personas. Viajó con su marido por medio mundo, compró arte de aquí y de allá (en un momento en el que la toma de decisiones por parte de las mujeres ni era habitual ni estaba bien vista) y amasó una colección de arte envidiable.

Isabella Stewart Gardner.

Tras la muerte de su esposo Jack en 1898, Isabella compró unos terrenos pantanosos que acondicionó y donde creó su residencia y futuro museo, y en cuyo diseño intervino (hasta molestar, incluso, al arquitecto). Sin embargo, el resultado final fue admirado por la atmósfera íntima generada, en la que las obras de arte se muestran con una iluminación suave, sin apenas cartelas o rótulos explicativos, así como por su espectacular patio acristalado lleno de flores y plantas.

Una obra de arte que contiene obras de arte… Y con 23 cicatrices por curar después del robo de 1990.

UNA PERMANENTE INVITACIÓN AL ROBO

A mediados de la década de 1980, el museo estaba un poco de capa caída. Isabella Stewart había estipulado en su testamento que no se debía cambiar nada en las galerías, ni vender artículo alguno de la colección. El museo tampoco cobra entrada –como quiso Isabella–, así que se estaba quedando un tanto atrasado. Carecía de sistema de aire acondicionado, los seguros no querían cubrir el edificio y los años estaban haciendo mella en su interior: a todas luces, necesitaba un mantenimiento. El fideicomiso establecido por Isabella no daba para todo.

Las mafias de Boston se dieron cuenta de que el Museo Isabella Stewart Gardner era una bicoca: mucho valor bajo una seguridad cuestionable. En 1982, el FBI descubrió un plan de unos grupos organizados para robar el museo. Eso hizo que se invirtiese en mejoras de seguridad: detectores de movimiento de infrarrojos y un circuito cerrado de televisión alrededor del edificio. No por dentro, ya que los administradores lo consideraron fuera de su alcance económico. Al menos, se contrataron más guardias.

Sin embargo, a pesar de estos esfuerzos, se mantenían «costumbres» anquilosadas. El único modo con que los vigilantes contaban para contactar con la policía era mediante un botón bajo el mostrador de seguridad. Lo normal, por

entonces, ya era que los guardias nocturnos llamasen por teléfono cada hora a la policía para indicar que todo iba bien. Eran muchas las voces que pedían más avances en materia de seguridad, pero los dirigentes del museo consideraban que todo aquello no solo costaría dinero, sino ejecutar ciertas reformas, que irían contra el mandato de Isabella: no tocar nada en Fenway Court. Tradición versus tecnología, capítulo...

LA NOCHE DE AUTOS

Los habitantes de ascendencia irlandesa representan el 15,8 % de la población. Son, sin duda, la comunidad más amplia de la ciudad. Aunque estadounidenses por completo, les gusta celebrar el día de san Patricio con entusiasmo. Eso lo sabían de sobra los ladrones que planeaban entrar al museo la madrugada del 18 de marzo de 1990, domingo por más señas. Un día de relax y resaca, se supone, en el que hasta la seguridad de un museo se merece, por favor, un poco de asueto.

La noche fue pródiga en algarabía y disfraces. Boston había sido tomada por *leprechauns*, esos duendecillos verdes, barbudos y pelirrojos, además de otros disfraces de brujas, hadas, magos, fomorianos y demás folclore irlandés, héroes y villanos. Y algunos –por qué no– hasta se disfrazaban de policías.

Panorámica de Boston.

A las 00:30 de la noche del día 18, dos de ellos fueron avistados en las inmediaciones del Museo Isabella Stewart Gardner, a unos 30 metros de la entrada de los empleados. Estaban apostados en un coche, hablando distraídamente. Bien podían ser auténticos agentes de la policía de Boston, o un par de juerguistas más. Pero no eran ni lo uno ni lo otro. ¿Cómo se disfraza uno de ladrón de arte? A esos dos tipos no les habría hecho falta.

UN ATRACO SENCILLO

Dentro del museo estaban los dos habituales guardias de seguridad. El protocolo era claro: uno se quedaba en el mostrador de seguridad, mientras el otro hacía una ronda por los pasillos, con una linterna. No sabemos si aquellos vigilantes tenían gusto por el arte. Debe de ser estupendo tener un museo para ti solo... pero de todo se acaba uno cansando. Lo que sí se sabe es que hacia la 1 de la madrugada, algunas alarmas antifuego comenzaron a sonar, sin aparente motivo. A la 1:20, los vigilantes del museo reciben la visita de dos agentes de la policía (nosotros ya los conocemos). Ellos no los han llamado, pero los agentes afirman que un vecino ha visto a alguien saltando la valla y que quieren inspeccionar el lugar.

Los falsos agentes hacen que los dos hombres se separen del mostrador (donde está el botón de aviso a la policía, sabían lo que hacían). El enorme bigote de

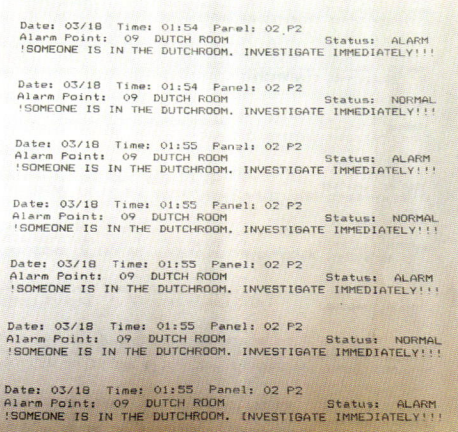

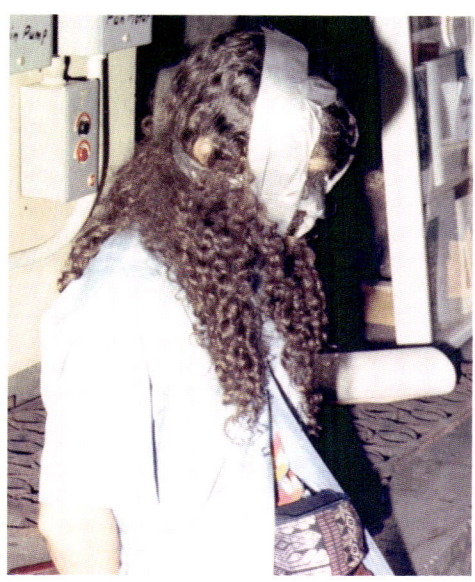

Arriba: impresión en papel de la secuencia de los movimientos por las salas de los delincuentes.
Derecha: uno de los vigilantes, antes de ser liberado.

uno de los policías parece moverse más de la cuenta, resulta ridículamente falso. No hay tiempo para más, acaban esposando a los dos vigilantes con aviesas excusas. Es en ese momento, con los guardias sometidos, cuando los ladrones declaran sus verdaderas intenciones. *Estamos aquí para robar, no nos deis ningún problema, si os calláis dentro de un año os daremos una recompensa.* Los llevan a los sótanos, los encadenan a una tubería y a un banco de trabajo y les envuelven la cabeza con cinta adhesiva y una venda en los ojos. Han dado la 1:35 de la madrugada y tienen el Isabella Stewart Gardner a sus pies.

Se dirigen a la Sala Holandesa, donde se encuentran *Cristo en la tormenta en el mar de Galilea* y *Dama y caballero de negro*, dos valiosísimos cuadros de Rembrandt. Los echan al suelo de mármol, rompen sus marcos de vidrio y con una cuchilla los separan de los bastidores. Lo mismo hacen con obras de Vermeer, de Degas, de Manet... de lo que consideran fácilmente extraíble y portable. Conocemos hoy sus pasos porque los sensores de movimiento alertan de sus pasos, incluso las alarmas antirrobo suenan en algún momento... Pero no hay nadie que transmita esa información. Cosas del antiguo siglo XX.

Tras cerca de una hora cometiendo fechorías por el museo, los ladrones deciden parar. Bajan de nuevo al sótano, comprueban que los vigilantes siguen ahí, entran en la oficina del director de seguridad y se llevan las cintas de vídeo del circuito cerrado –chicos listos–, así como las hojas impresas de datos de los equipos de detección de movimiento (pero no el disco duro donde quedaron registradas).

De izquierda a derecha y de arriba a abajo, las obras robadas: *El concierto*, de Vermeer; *Dama y caballero de negro*, de Rembrandt; *Gu* (vasija china); *Paisaje con obelisco*, de Govert Flinck; *Chez Tortoni*, de Edouard Manet. Página siguiente: *Autorretrato de joven*, de Rembrandt; *La salida del pesaje*, de Edgard Degas; *Procesión en una carretera cerca de Florencia*, de Edgar Degas; *Programa para una velada artística 1*, de Edgard Degas; *Programa para una velada artística 2*, de Edgard Degas; *Jinete a caballo*, de Edgard Degas; Remate de estandarte en forma de águila imperial francesa.

Los ladrones ejecutaron su robo en poco menos de hora y media. Más tarde, cuando el siguiente turno de vigilancia quiso entrar, no encontraron respuesta de sus compañeros. El director llegó con las llaves y abrió. Allí no había guardias de seguridad. Entonces sí, llamaron a la policía, que registró el edificio. Encontraron a los guardias en el sótano; por todo el museo, una triste colección de marcos y cristales rotos.

UN DESASTRE ARTÍSTICO

La cuantía del robo era insólita. En una primera estimación, el FBI tasó el valor de los objetos robados en 200 millones de dólares. Una década después, se estimaba que aquellos cuadros valdrían unos 500 millones. Y subiendo. Por supuesto, este atraco se considera el de mayor valor a un museo jamás ocurrido.

Los ladrones se llevaron un total de trece piezas; *El concierto*, de Vermeer, ya valía la mitad del botín. Aunque parecían saber qué obras se cotizaban más, también pasaron por alto una de las obras más valiosas del museo, *El rapto de Europa*, de Tiziano, y otros cuadros de artistas de la talla de Miguel Ángel, Rafael y Botticelli. También se llevaron dos piezas que no parecían encajar con su patrón de pinturas al óleo: un águila de bronce de la época napoleónica que coronaba un asta de bandera (en principio intentaron robar una bandera de seda de la Guardia Imperial de Napoleón, pero les resultó imposible) y un antiguo *gu* chino, un vaso ritual utilizado para servir vino durante la dinastía Shang del siglo XII a. C. Por la rudeza con la que trataron ciertas piezas, se quiso creer que no eran ladrones especializados en arte. O quizá sí quienes les encargaron el robo, pero no ellos.

Los guardias del museo fueron sometidos a un severo escrutinio porque los investigadores creían que el robo solo podía haber sido posible con colaboración desde dentro; pero finalmente fueron absueltos de cualquier implicación.

QUE VUELVAN A CASA

Solo una cosa queda hoy absolutamente clara: no se ha vuelto a saber de esas 13 obras de arte. Porque de los autores materiales y de los intelectuales (y es que las sospechas apuntan a que no fueron los mismos) solo se conjuran hipótesis más o menos fiables. Desde aquel día aciago de 1990, las investigaciones han ido señalando en varias direcciones. Por lo general, siempre se apunta a diferentes ramas de la poderosa mafia de Boston, en la que confluyen familias irlandesas e italianas, que además han tenido pasadas vinculaciones con robos de piezas de arte. Se habla del grupo de los Merlino como instigadores del robo, y que un famoso gánster de la época, Bobby Donati, organizó el atraco para ellos. Pero a Donati lo mataron en 1991 en una aparente reyerta entre bandas y no se ha podido establecer un vínculo judicialmente sólido con ninguna familia mafiosa bostoniana.

La Sala Holandesa del museo, con los marcos vacíos de los cuadros robados.

Por mucho que el FBI pueda sospechar de la autoría, lo cierto es que nadie sabe el paradero del botín. Como siempre en estos casos, a mayor valía de la obra y mayor impacto del robo, menores posibilidades de colocarlas en el mercado negro. Solo se sopesan dos opciones factibles:

1. Que la obra cuelgue en un cuarto privado de un extravagante (y millonario, y delincuente) coleccionista de arte.
2. Que esté guardando polvo en un oscuro trastero, o en una caja fuerte de un ignoto lugar.

Como la segunda opción se da por más posible que la primera, tanto la policía como los dirigentes del museo conservan fundadas esperanzas de que algún día –a ser posible más pronto que tarde– las obras vuelvan a colgar de las paredes del Museo Isabella Stewart Gardner.

Nota importante para los lectores con problemas financieros, o con espíritu de cazarrecompensas: el museo mantiene en pie una recompensa de diez millones de dólares a quien aporte pistas que conduzcan a la recuperación de las obras robadas, la mayor cantidad jamás ofrecida por una organización privada (se dice que la mayor ofrecida fue de 25 millones de dólares por localizar a Osama bin Laden). Mientras tanto, en el Museo Isabella Stewart Gardner penden de las paredes los marcos vacíos de los cuadros robados. Fue Isabella quien estipuló que nada debía cambiar, y tal deseo subyace tras esa decisión. Pero también es un símbolo –un grito desolado– del vacío –y del dolor– que sigue dejando la violencia artística. Ese grito clama: «Os esperamos».

LOS DOS ATRONADORES ROBOS DE EL GRITO

LA FAMA CUESTA

Tras la *Mona Lisa*, el «icono de la pintura» más universal puede ser este cuadro del noruego Edvard Munch. Esto –y la laxa seguridad de los museos noruegos– ha contribuido a que se haya convertido en una obra muy codiciada por los ladrones. Para su fortuna, tanta celebridad lo convierte en un cuadro imposible de vender.

📍 Noruega, Oslo, Galería Nacional.

📅 12/2/1994

🔍 *El grito*, cuadro de Edvard Munch (pintado en 1893). Técnica mixta de óleo y pastel sobre cartón. 91 x 73,5 cm.

💡 El futbolista Pål Enger y un cómplice.

A la izquierda, autorretrato de Munch (interpretación digital).

Museo de Arte Nacional
(Aquí se exponen los cuadros de la Galería Nacional desde 2022)

Galería Nacional
Universitetsgata 13

Museo Munch
Tøyengata 53

Museo Munch
(Nueva sede desde 2021)

Oslo

DESDE HACE MÁS de un siglo, la angustia tiene una imagen. Vive en un cuadro de 91 x 74 cm que pintó el noruego Edvard Munch en 1893. En realidad, el artista hizo cuatro versiones, a cada cual más valiosa. Quizá sean esas las razones por las que ya han robado *El grito* en dos ocasiones. Vamos a relatar lo que sucedió entonces, antes de que el inagotable amor por lo ajeno de la especie humana alcance a encontrar una tercera oportunidad.

EL PRIMER ROBO: INVIERNO DE 1994

El 12 de febrero de 1994 era un día señalado para muchos. Quien firma estas líneas, por ejemplo, cumplía 16 años; y, mucho más importante y universal, se inauguraban los Juegos Olímpicos de invierno de Lillehammer. Esa pequeña ciudad del interior de Noruega era conocida a nivel internacional por el *Asunto de Lillehammer* cuando los servicios secretos israelíes asesinaron por error a un ciudadano marroquí, al confundirlo con uno de los terroristas que planearon la masacre de los Juegos Olímpicos de Múnich 1972. Es una digresión que nos permitimos por su pertenencia al mundo del crimen, pariente en primer grado de nuestro libro. Porque, en realidad, en Lillehammer no pasó nada que no debiera suceder. Nadie auspiciaba allí perversas intenciones y la policía estaba al cuidado de todo.

Noruega, Oslo, Museo Munch.

----------------->

22/8/2004

<-----------------

El grito, cuadro de Edvard Munch (pintado en 1910). Témpera sobre cartón. 91 x 73,5 cm.

----------------->

Bjørn Hoen, Petter Tharaldsen y otros dos cómplices.

> *El secreto de Enger no estaba en su rendimiento en el fútbol, sino en las noches. Se dedicaba a limpiar joyerías, a estallar cajeros automáticos, a pasar contrabando.*

Eso último, no obstante, sí que importa para esta historia. Dado que la atención del país se centraba en aquel momento cumbre para la historia noruega, alguien pensó que sería una buena oportunidad para cumplir un viejo sueño; ese tipo de sueños que la policía se empeña en impedir.

Ese alguien era Pål Enger (1967), esforzado futbolista del Vålerenga Fotball, modesto pero histórico club de fútbol noruego. Pål era un futbolista atípico. La liga de su país no daba para sueldos extraordinarios, pero él aparecía en los entrenamientos con coches lujosos, que cambiaba con cierta frecuencia. Otra característica que lo hacía diferente –y conocían sus compañeros– era su origen extremadamente humilde, con una infancia llena de problemas en una familia disfuncional y un barrio de violencia, crimen y drogas. Quizá aquello, en cierto modo, fuera causa de su inopinada abundancia.

Todos sus compañeros debían compaginar el fútbol con otro trabajo: ese deporte en Noruega aún no daba para tanto. El secreto de Enger no estaba en su rendimiento en los días de entrenamiento y jornadas de liga, sino en las noches. No trasnochaba porque sí, sino que se dedicaba a limpiar joyerías, a estallar cajeros automáticos, a pasar contrabando. Y ya metidos en harina, por qué no, a robar obras de arte.

Sede original del Museo Munch, donde se perpetró el segundo robo.

Munch, un genio del alma humana

Edvard Munch.

Edvard Munch (1863-1944) es un talento generacional, uno de los pintores más influyentes de los últimos siglos. Se le encuadra dentro del expresionismo y del simbolismo, y fue influido de manera decisiva por los posimpresionistas. Nació en el pequeño pueblo de Ådalsbruk, pero su familia pronto se trasladó a Oslo (por entonces, y hasta 1925, denominada Christiania). Munch sufrió graves problemas de salud mental a lo largo de su vida y durante años fue alcohólico. Un colapso en 1908 le obligó a dejar la bebida; se dio cuenta de su aceptación, de su popularidad, empezó a ingresar más dinero y desde entonces tuvo una vida más serena y optimista.

Con la llegada de los nazis al poder (y la invasión de Noruega), estos catalogaron a Munch dentro de los «artistas degenerados» y se prohibieron sus obras. Durante esos años, vivió con su colección de pinturas medio ocultas en su casa, temiendo que los nazis se la confiscaran. Sin embargo, en el momento de su muerte lo quisieron hacer pasar por simpatizante, para endosarse su fama. El artista dejó sus obras a la ciudad de Oslo, que construyó el Museo Munch en Tøyen (inaugurado en 1963 y cuya nueva y espectacular sede se abrió en 2021).

Su cuadro más famoso, *El grito*, lo tituló en un primer momento *La desesperación*, y formaba parte de un conjunto de seis obras en las que mostraba las fases del amor. En su diario, Munch describía así cómo le llegó la inspiración para esta su obra más influyente:

«Paseaba por un sendero con dos amigos; el sol se puso. De repente, el cielo se tiñó de rojo sangre, me detuve y me apoyé en una valla muerto de cansancio: sangre y lenguas de fuego acechaban sobre el azul oscuro del fiordo y de la ciudad. Mis amigos continuaron y yo me quedé quieto, temblando de ansiedad. Sentí un grito infinito que atravesaba la naturaleza».

El primer cuadro de Munch que robó Enger fue este *Amor y dolor*. Como es habitual en su obra, el artista pintó seis versiones diferentes con distintas técnicas entre 1893 y 1895. Pese a que Munch defendió que su obra tan solo representaba «una mujer besando a un hombre en el cuello», un amigo suyo la bautizó como *Vampiro* por sus evidentes reminiscencias. El *Drácula* de Bram Stoker se publicó en 1897.

UN TIPO CON OLFATO

El 23 de febrero de 1988, alguien robó el cuadro *Amor y dolor* (también llamado *Vampiro*) del Museo Munch. Ya lo adelantamos: había sido el joven Enger. Aquí lo importante es reseñar el alto tren de vida que mostraba y que había llamado la atención de dos de sus compañeros de equipo (de todos, en realidad). Sin embargo, estos dos en particular eran policías. Tras seguirlo a diario y descubrir la fortuna que gastaba, decidieron allanar su casa. Y allí, colgando de una pared, encontraron el cuadro robado. Enger fue condenado y, tras cumplir su pena, regresó a las canchas. El Vålerenga Fotball necesitaba sus goles.

Y Pål Enger necesitaba más ingresos, como fuera, para seguir llamando la atención.

Así que seis años después de aquel primer robo, nos encontramos con aquella ceremonia de inauguración que había concentrado la atención del país. Noruega era una fiesta y Enger había pensado montar la suya propia. Durante semanas había estudiado la mejor manera de acceder a la Galería Nacional, donde se encontraba *El grito*, sin duda la obra más valiosa del museo, un icono mundial de valor incalculable. Y concluyó que lo más factible, sencillo y seguro era, a primera hora de la mañana, poner una escalera contra la pared exterior, romper la ventana, agarrar el cuadro y salir corriendo. La seguridad en la zona había decrecido, todo estaba centrado en Lillehammer.

Así hicieron dos hombres, con indudable éxito. Aún no queda claro si Enger fue uno de ellos. Las cámaras de seguridad captaron el momento, pero las imágenes carecían de calidad. Lo cierto es que aquellos dos hombres trabajaron rápido y bien. Montaron en un coche, dejaron *El grito* en el maletero y huyeron. El robo se descubrió media hora después. Dos policías que pasaban cerca del museo se extrañaron al encontrar la escalera de mano apoyada en el edificio, y dieron la voz de alarma. Demasiado tarde. Cuando entraron en la sala, encontraron una irónica frase dejada por los ladrones: «Gracias por la escasa seguridad».

CÓMO RECUPERAR UN CUADRO

Unos días después del robo, un grupo antiabortista dijo que podría recuperar el cuadro si la televisión pública emitía una película contra el aborto. La afirmación resultó ser falsa. El Gobierno noruego también recibió una petición de rescate de un millón de dólares, pero se negó a pagar para no dar pie a futuros robos.

Si algún lector, movido por estas lecturas, decide darse al latrocinio artístico, ha de saber que cualquier obra conocida pierde valor tras ser robada, por el simple hecho de que encontrar comprador resulta muy complicado, por no decir imposible. La mayoría de cuadros robados de gran valor acaban pasando años en un desván porque los ladrones y sus intermediarios son incapaces de deshacerse de ellos.

Las autoridades noruegas recurrieron a los servicios de la unidad de arte robado de la Scotland Yard británica. Al rescate acudió Charley Hill, el *Sherlock Holmes del arte*. Hill se hizo pasar por un representante del Getty Museum de Los Ángeles. La policía noruega ya tenía a un informante en contacto con los ladrones. Hill se reunió con ellos como parte del Getty Museum, interesado en exponer *El grito*. Podía, sin embargo, parecer extraño que una entidad reputada como la estadounidense estuviera dispuesta a adquirir una obra robada a otro museo. Para que se creyeran aquella farsa, Hill –impostando un perfecto acento americano– argumentó que el gobierno de Noruega jamás pagaría de manera pública una recompensa, pero el Getty Museum sí que lo haría, aunque en realidad pagasen los noruegos, a cambio de exponer el cuadro de forma temporal.

Y Enger mordió ese anzuelo, hasta el fondo. Él guardaba el cuadro en su casa, entre las tablas de la mesa donde su familia desayunaba, comía y cenaba a

Sede de la Galería Nacional de Oslo, donde se robó *El grito* en 1994. Desde 2002, la mayoría de sus obras se trasladaron a la nueva sede, junto al puerto, en el Museo Nacional de Arte.

diario. Eso le generaba un íntimo placer. Cuando se llegó a un acuerdo, los ladrones llevaron a Hill hasta el cuadro, que pagó por él las 300 000 libras pactadas. Pero tras el «farsante» llegó la policía noruega.

Era el 7 de mayo. *El grito* había pasado 85 días en manos de Enger. Por fortuna, no había sufrido daños, solo le faltaba el marco.

¿UN FINAL FELIZ?

Enger y sus cómplices fueron condenados a seis años de cárcel. En 1999, mientras cumplía su pena, escapó de prisión durante una excursión. Lo capturaron 12 días después cuando intentaba comprar un billete de tren; llevaba una peluca rubia y gafas de sol. De nuevo en la cárcel, se dedicó a estudiar arte y a aprender a pintar. Cuando salió, dio el golpe más sorprendente de su vida: en 2011 abrió su propio taller y desde entonces vende sus propios cuadros. También comenzó a acudir a subastas de arte y consiguió su primer Munch – por medios legítimos– tras pagar unos 2 000 euros por una litografía sin firmar. Cuando Enger salió de la subasta, se topó con el antiguo jefe de seguridad de la Galería Nacional: «¡Felicidades! –le dijo–. Es genial que hayas comprado un Munch, mucho mejor que robar uno».

Sede actual del Museo Munch, inaugurado en 2021. Fue diseñado por el arquitecto español Juan Herreros.

EL SEGUNDO ROBO

El fascinante retrato de la angustia y de la soledad de Edvard Munch fue recuperado, pero otra de sus cuatro versiones sufrió un nuevo episodio criminal. Fue el 22 de agosto de 2004, curiosamente en plenas Olimpiadas de Londres; cada vez que la llama olímpica se enciende en el estadio, *El grito* se echa a temblar.

Esta versión de 1894 de *Madonna* (90 x 68 cm) fue la sustraída al Museo Munch en 2004. En 1990, otra versión fue robada de la Galería Kunsthuset AS en Oslo.

Esta vez el robo se produjo en el Museo Munch (aún en su primera sede, en Tøyen). Dos enmascarados vestidos de negro, armados con pistolas, irrumpieron en las salas a las 11 horas. Los visitantes –y los guardas de seguridad– no dudaron en seguir las instrucciones de los dos hombres, quienes amenazaban con disparar a quien no cumpliese sus órdenes. La dureza de aquellos encapuchados y la presencia de armas de fuego hizo creer a aquellas personas que eran víctimas de un acto terrorista.

En apenas unos 30 segundos, los ladrones arrancaron de la pared no solo *El grito*, sino también *Madonna*, seguramente las dos obras más valiosas del pintor. Los cuadros carecían de medidas de protección especial, y colgaban de la pared tan solo con cables. Sin dejar de encañonar a los presentes, obligados a tirarse al suelo con las manos en la cabeza, salieron del museo. Afuera, un conductor esperaba en un coche, preparado para la huida. Curiosamente, unos transeúntes tomaron una imagen de los ladrones a punto de subir al vehículo.

Una alarma silenciosa alertó a la policía, que se presentó en el museo a los pocos minutos. Ya era tarde, por supuesto. Para más inri, *El grito* estaba asegurado contra incendios o inundaciones, pero no contra robo. Este acto fue considerado una nueva vergüenza nacional. El mayor tesoro de la pintura

Instantánea tomada por un transeúnte el día del robo, cuando los ladrones salían con los cuadros y un coche los esperaba.

Izquierda: posiblemente un estudio preliminar. 1893, témpera sobre cartón. Museo Munch.

Derecha: primera versión expuesta al público y quizá la más conocida. Robada en 1994 por Pal Enger. 1893, óleo, témpera y pastel sobre cartulina. Museo Nacional de Arte de Noruega.

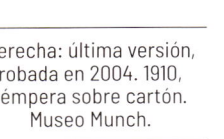

Izquierda: 1895, pastel sobre cartón. Se vendió por unos 110 millones de euros en 2012 y está en una colección privada.

Derecha: última versión, robada en 2004. 1910, témpera sobre cartón. Museo Munch.

escandinava se había esfumado. Ni la investigación policial ni la recompensa de más de 250 000 euros ofrecida por el Ayuntamiento de Oslo por información relacionada con el robo consiguieron que las dos obras volvieran a casa.

Durante un tiempo no se supo nada, hasta que la policía logró detener a un sospechoso de estar relacionado con el robo en abril de 2005. Sin embargo, las pinturas no se recuperaron. El país se estremeció –y todo el mundo del arte– cuando poco después el periódico sueco *Svenska Dagbladet* afirmó en titulares que las dos pinturas habían sido quemadas por los ladrones para eliminar pruebas. Es lo que tiene el robo de un icono mundial, que luego nadie te lo compra y acaba siendo una molestia.

LA RESOLUCIÓN DEL CASO

Mientras tanto, en Málaga, en la otra punta de Europa, se detuvo a un tal David Aleksander Toska, por un robo a una central de reparto. Pronto se demostró su conexión con el robo de los cuadros y el criminal, temeroso de la pena que le

¿Jugamos a robar un Munch?

En 2005, a raíz del robo del año anterior, el Museo Munch tuvo una singular -y polémica- idea: comercializar un juego de mesa que se vendía en la tienda del museo. Uno de los jugadores es el ladrón y entra en el museo con la intención de robar *El grito*. Otros dos jugadores, los detectives, intentan impedirlo. La vida imitando al arte… O algo así.

El juego se vendió con éxito, justo cuando el cuadro -recordemos- aún permanecía en paradero desconocido. Los responsables de la galería defendieron la «inocencia» del juego, al que calificaron como un estímulo para conocer y apreciar la creación artística. Por supuesto, no solo se trataba de robar *El grito*, sino que se daban a conocer -y a robar- otras 35 obras de arte en el museo, para aumentar la cultura general de los más jóvenes.

Esos jugones de entonces ya habrán llegado a una edad adulta. Mucho ojo.

iba a caer, se ofreció a proporcionar información a cambio de una reducción en su condena. No se confirmó si esa fue la clave, pero el 31 de agosto de 2006 la policía noruega declaraba que había recuperado ambos cuadros, sin esclarecer el cómo. Sí se supo que *El grito* tenía daños por humedad en la esquina inferior izquierda, y que *Madonna* mostraba rasguños en el lado derecho de la pintura, así como dos agujeros en el brazo de la figura protagonista.

Antes, a principios de 2006, se había juzgado a seis personas por su relación con el robo. Tres de aquellos hombres fueron declarados culpables y sentenciados a entre cuatro y ocho años de prisión en mayo de 2006, y a dos de los condenados, Bjørn Hoen y Petter Tharaldsen, también se les ordenó pagar una indemnización de unos 85 millones de euros a la ciudad de Oslo. Ignoramos si a estas alturas ya han ahorrado lo suficiente.

Tras el robo, el Museo Munch se transformó en un auténtico fortín, pues la pinacoteca invirtió unos 106 millones de euros en nuevos detectores de metales, alarmas contra incendios, el blindaje de las obras y la ordenación y catalogación de la vasta colección de 1150 cuadros, 18000 grabados y 8000 dibujos. Quizá le sirviera durante unos años: en 2021 se inauguró su nueva sede, un espectacular edificio frente al fiordo de Oslo. Aquí nadie se ha atrevido a robar nada. De momento.

UN ROBO POR DESPECHO: EL CÓDICE CALIXTINO

UN DELITO «ELEVADO» A SAINETE

Las bajas pasiones desatan conductas criminales, pero también delitos que mueven a risa o compasión, si no fuera por la importancia de lo robado. Estamos antes un caso así, en el que un hombre gris robó un objeto de culto como venganza personal, dejando al descubierto una historia folletinesca.

📍 España, catedral de Santiago de Compostela.

📅 4/7/2011

🔍 Códice Calixtino (siglo XII). Manuscrito en pergamino. 21 x 30 cm.

💡 El electricista Manuel Fernández Castiñeiras.

Santiago de Compostela

Desde hace un tiempo, la Real Academia Española recoge en su Diccionario la palabra *berlanguiano*. Fue, exactamente, en 2020; los años previos, muchos invocaron su poder descriptivo para ilustrar el caso del robo del Códice Calixtino. Luis García Berlanga fue un eximio cineasta valenciano, en cuyas películas, esperpénticas e irónicas, se mostraba con humor negro una serie de personajes pícaros y miserables, sí, pero cuya bajeza moral invitaba a una cierta ternura. Si el adjetivo sirve para blanquear la fechoría de Manuel Fernández Castiñeiras, autor confeso, eso queda aquí a juicio del lector. Estamos ante un robo, en cualquier caso, fascinante; y *daliniano*.

UNA HISTORIA Y UNA ADVERTENCIA

Esta historia comienza hace mucho tiempo, tanto que podemos rescatar una frase latina que ha hecho fortuna a través de los siglos: *Habent sua fata libelli*. Los libros, sí, tienen su propio destino y su propia historia, como si de una persona se tratase. La mayoría quedan en el olvido y otros nunca pasan de moda; algunos se ponen de moda, aunque nunca dejaron de estar ahí.

También recordamos la cédula de excomunión de la vetusta Universidad de Salamanca, convertida hoy casi en un objeto decorativo de tanto usarla, esa que desde el siglo XV nos avisa –a los amigos de lo ajeno, principalmente– que *Hai excomunion reservada a su santidad contra qualesquiera personas, que quitaren, distraxeren, o de otro qualquier modo enagenaren algun libro...* Pergaminos, religión, avaricia y castigo son unos ejes que vertebran este caso, que sirve para explicarnos tantas cosas, divinas y humanas.

¿QUÉ ES EL CÓDICE CALIXTINO?

Deberíamos empezar por glosar la *figura* del Códice Calixtino, no sea que al lector le suceda lo mismo que a cualquiera de nosotros antes del 7 de julio de 2011, el día que se hizo pública su desaparición: que ignorase su existencia. A partir de ese día fue, para muchos españoles, y gallegos en particular, como ese familiar lejano a quien no se conoce en persona pero del que se saca pecho cuando se sabe que se ha hecho famoso, o le han nombrado director general de unos grandes almacenes. *Ah, sí, fulanito, orgullo de la familia...* ¡Ah, nuestro Códice Calixtino, que lo encuentren ya!

Sin embargo, con la majestad de los realmente grandes, al Códice Calixtino, sabedor de su valía, le daba exactamente igual nuestro grado de consciencia. Es lo que tiene existir desde el siglo XII, que las opiniones de los humanos parecen demasiado insustanciales y pasajeras, como sin duda son. El *Codex Calixtinus* es parte principal del *Liber Sancti Iacobi*, una compilación de textos con misas, sermones, piezas musicales y milagros que ensalzan la figura del apóstol Santiago, patrón de Galicia y de España.

Parece que el códice siempre estuvo en Santiago, pero hacia el siglo XVII cayó en desuso, de nuevo al pairo de las modas, lo que sin duda ayudó a conservarlo. Durmió un plácido sueño durante siglos en algún rincón de la biblioteca de la catedral de Santiago de Compostela, hasta que en el último tercio del siglo XIX fue redescubierto y publicado por alguna editorial extranjera. No es que fuera considerado un tesoro nacional en aquella España atribulada y más bien inculta, pero los expertos bibliográficos sí que sabían de su inmenso valor histórico y documental.

Calixtino, ficha técnica

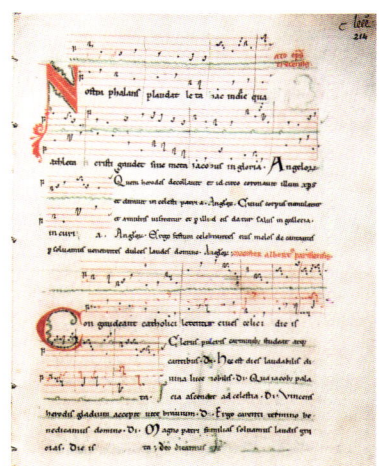

El códice se completó, según los estudiosos, entre 1140 y 1180. Cuenta con 225 folios de pergamino escritos por ambas caras, y mide 295 milímetros de alto por 214 milímetros de ancho, unas cifras que casi coinciden a la perfección con nuestro prosaico DIN A4. No es tanto «un libro» como la encuadernación de cinco distintos, y dos apéndices. El primero de ellos es de carácter litúrgico, el segundo hagiográfico (relata los milagros del apóstol Santiago), el tercero y cuarto de naturaleza histórica (los avatares que llevaron el cadáver del santo a Galicia y cómo el gran Carlomagno encontró su tumba) y el quinto, sin duda el más famoso, es una suerte de «Guía para el peregrino», una improbable *Lonely Planet* de la época, imposible de portar, de la que apenas habría ejemplares y cuando muy pocos sabían leer. Pero por algo se empieza y por entonces eso del turismo jacobeo no era muy del gusto de las masas.

Fachada de la catedral de Santiago de Compostela.

Una de las páginas interiores del Códice Calixtino.

Generación tras generación, los mandatarios eclesiásticos de la Santa Apostólica y Metropolitana Iglesia Catedral de Santiago de Compostela (en su denominación completa) cuidaron de su preciado bien con orgullo y discreción, como mandan los cánones y los canónigos.

UN ROBO DESCONCERTANTE

La catedral de Santiago, no obstante, pareció no estar preparada para los *nuevos* pecados del moderno siglo XXI: la avaricia y la venganza, o quizá deberíamos decir la frustración y la concupiscencia. El 5 de julio, uno de los religiosos echó en falta el libro: no estaba donde debía encontrarse. Se lo comunicó al deán, José María Díaz, también encargado del archivo de la catedral, el hombre que más conocía y valoraba el códice. Tras comprobar que nadie se lo había llevado por error y que no estaba mal colocado, no quedó otra que admitir que el Códice Calixtino había sido robado. Acudieron a la comisaría de policía santiaguesa y, de ahí, a las portadas de los medios de comunicación. Ahora sí, el Códice Calixtino es la joya redescubierta del medievo español, el *orgullo familiar*, la afrenta al patrimonio nacional.

Las primeras reacciones ante un robo, o mejor dicho, hurto –ya que no hubo ni intimidación ni violencia– de ese calado apuntaron a un robo por encargo de un red internacional, sabedora de su valor y de su bajo nivel de vigilancia.

Siempre, en esos casos, se piensa en qué mente perversa querría pagar por algo que debería guardar con celo si no quisiera ser descubierto: ¿un rico millonario en un rancho de Texas?, ¿un magnate del petróleo en su dacha de Siberia? La policía siguió el rastro de Zsolt Vamos, conocido ladrón de arte, un húngaro que había esquilmado el patrimonio de bibliotecas de toda España. Pero tenía una coartada inapelable.

También se lanzó una hipótesis más cultural-sentimental, muy vinculada al ambiente creado tras los atentados del 11-S en Nueva York y del 11-M en Madrid: ¿y si habían robado el códice en un *original* acto de terrorismo islamista? Sin embargo, según fueron bajando las aguas, la realidad fue imponiendo una visión más *sosegada*.

LOS SOSPECHOSOS

Los hechos apuntaban a un robo de carácter interno. No había ningún tipo de violencia, ni una cerradura rota, las cámaras de seguridad –escasas y mal colocadas– no habían captado nada singular. Que todo hubiera sido tan *fácil*, tan *suave*, llevó a los investigadores a pensar que aquello se había cocinado desde dentro. Además, la policía fue descubriendo una maraña de rencillas, enfados más o menos infantiles y agravios y agraviados en el seno de la catedral. De ese ovillo, dedujeron, tenía que aparecer un cabo desde el cual tirar para desenredar el caso.

Patio interior de la catedral de Santiago, que da acceso al archivo donde se guardaba el códice.

De ese modo, se elabora una lista de una docena de sospechosos, personas que llevaban lustros y lustros en la catedral, todos con una posible lista de despechos:

- El mismísimo deán.
- El personal de mantenimiento (un padre y su hijo).
- El personal de seguridad.
- La encargada de la limpieza.
- El organista.
- El guarda nocturno.
- El electricista.

De entre ellos destacaban el deán, el organista y el electricista. Se intervinieron los teléfonos de esa terna. El primero, José María Díaz, era un hombre de unos 80 años, culto, distinguido, amante de los libros, presidente del cabildo catedralicio, la máxima autoridad en el día a día y, además archivero mayor. Se descartó pronto que hubiera sido él, pero resultaba plausible que hubiera sido un robo *contra* él. Porque su nombramiento en 2006 despertó recelos entre el ala más conservadora de la iglesia, ya que como jefe tenía la inquina de los que se sentían agraviados, incluso se barajaron móviles *afectivos*...

Con el organista –sí, había un músico dedicado a hacer sonar el impresionante órgano– se fue algo más allá. Detectaron conversaciones y encuentros con expertos en arte, incluso algún marchante extranjero. Se le presionó bastante e incluso se llegó a inspeccionar su casa –los registros policiales *destrozan* una casa cuando entran a buscar algo–. Y encontraron un códice... pero un facsímil, que había tomado con la excusa de practicar en casa las partituras. Enseguida se comprobó que sus contactos con los extranjeros se debían a su alta reputación como experto en música antigua. La policía puso los focos en el electricista.

EL AGRAVIADO HOMBRE GRIS

Manuel Fernández Castiñeiras, Manoliño, el electricista y hombre para todo en la catedral desde mediados de los años ochenta, convertido ya en el sospechoso número uno. Para algunos lo fue desde el primer momento, pero su perfil bajo, en apariencia demasiado gris, invitaba a moverlo a un segundo escalafón, como si este caso necesitase un Adam Worth, un Moriarty, alguien que diese lustre al robo, que estuviera *estéticamente* a la altura.

La cuestión es que sí lo estaba. ¿Hay algo más *resultón* para el crimen que el despecho, la venganza, el afán por reivindicarse? A menudo creemos que las bajas (o altas) pasiones han de desencadenarse por el amor, el honor… Pero ¿no son *estéticas* una cuota de autónomos, una buena jubilación, un despido procedente? Posiblemente ni acudiendo a la retórica lo sean, pero para Castiñeiras resultaban suficientes. Después de más más de 20 años como electricista autónomo –pero que acudía día tras día a la catedral–, en 2006 habían dejado de contar con Manuel. No de una manera inmediata, pero contrataron a una empresa y le fueron dejando de lado. Una afrenta para él, máxime cuando poco antes había sido nombrado deán José María Díaz, a quien creía amigo y con el mando suficiente como para hacerle fijo. Pero eso estaba por encima de sus capacidades, y además resultaba evidente que la catedral necesitaba alguien con más conocimientos para los grandes acontecimientos.

Cuando Manuel, antes Manoliño, comprobó que su futuro como electricista a sueldo de la catedral se deshacía, no cejó. Siguió yendo a diario, casi el primero, pasando facturas puntuales… Y acumulando rencor contra el deán, otrora su amigo, ahora el símbolo de lo que iba a ser y ya no sería.

Plaza del Obradoiro, con la catedral de Santiago al fondo.

INVESTIGACIÓN FAMILIAR

Todo aquello lo averiguaron pronto los investigadores, pero no era suficiente para acusar a Castiñeiras. Aquí llegamos a una de las figuras claves del caso, el inspector jefe de la Brigada de Patrimonio Histórico de la Policía Nacional, Antonio Tenorio, encargado del caso. Un agente con las maneras didácticas de un veterano profesor de Economía del instituto, quizá ya algo cansado de explicar siempre lo mismo a alumnos cada vez peores, pero con la fiera determinación de los sabuesos clásicos de las películas del cine negro, nos vale con las nacionales, un Ramón Areta en *El crack*.

Él dispuso alrededor de Castiñeiras una red lo suficientemente discreta para que el sospechoso se sintiera con libertad de movimientos, pero densa para controlarlo y evitar que pudiera llegar a destruir el códice, si es que en verdad lo tenía. El agente solicitó al juez permiso para sembrar de micrófonos el hogar de Castiñeiras («sonorizar» es el eufemismo policial) y él se ganó la confianza –pese a que nunca bajase la guardia– de Manoliño. Tenorio estaba seguro de la culpabilidad de Castiñeiras, y este sabía que aquel esperaba que diese un paso en falso. Curiosa pareja.

La inspección de la vida privada del sospechoso arrojó revelaciones sorprendentes. Pese a lo exiguo de sus ingresos, aquella familia –él, su mujer y un hijo ya mayor– poseía varios pisos, una casa en la playa, que habían sido pagadas al contado. Extraño, pero no podía venir del robo, cuestión de fechas. Tenorio y Castiñeiras siguieron meses jugando –aunque no era un juego– al gato y al ratón, con pasajes dignos del *berlanguiano* con el que abríamos el caso. Como cuando descubrió a Castiñeiras –vestido siempre de colores pardos, apagados, como su carácter– volviendo a casa con un atuendo colorido, casi hawaiano.

Uno de los característicos mojones que señalan el camino a los peregrinos que viajan a Santiago de Compostela.

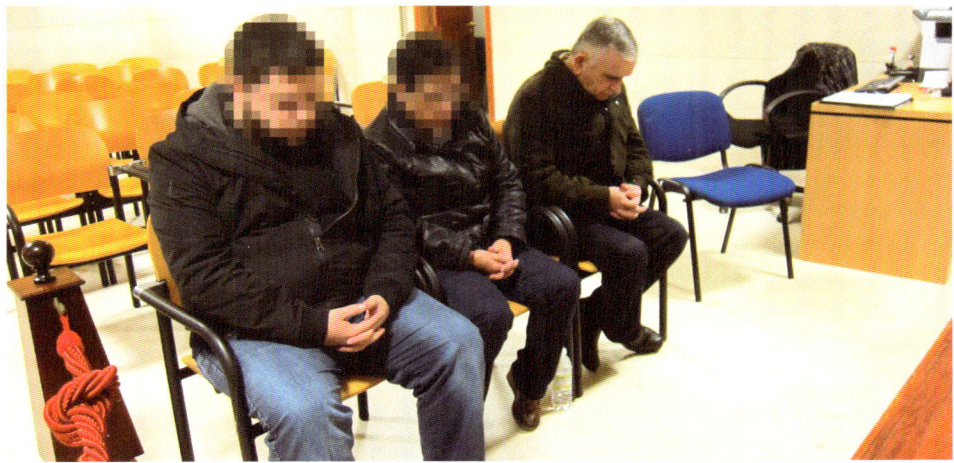

Manuel Fernández Castiñeiras (derecha), junto a su mujer e hijo, durante el juicio, en enero de 2015.

Cuando se lo hicieron notar, Manuel respondió: «Parece mentira que no lo sepáis, a la catedral hay que ir de pobre». O como cuando Tenorio lo invitó a un café y le espetó:

—Manolo, entonces, ¿qué crees que hicieron con el códice? ¿Lo quemaron?

—No, no, no lo quemé... Quemaron.

Tenorio pasó por alto el lapsus y se hizo el despistado, para no poner presión sobre Manuel y que se cerrase, si cabía, aún más.

LA LEY PASA A LA ACCIÓN

Había pasado ya un año de la sustracción del Códice Calixtino. La policía estaba convencida de que tenían al ladrón... La fe moverá montañas en religión, pero la más prosaica ley necesitaba pruebas. Y las escuchas no habían arrojado más que sospechas del hijo y de la mujer sobre lo que guardaba Manuel con tanto celo en su despacho. Así que Tenorio se coordinó con el juez Vázquez Taín, que llevaba el caso, y ordenaron un registro de las propiedades de Manuel y su esposa. Tenían que jugar ya esa carta. Era el 3 de julio de 2012.

La inspección ofreció un resultado sorprendente. Ni rastro del Calixtino... aunque sí se hallaron varios facsímiles, sustraídos de la catedral. Pero lo que descolocó a la policía fue la aparición de decenas, centenares de fajos de billetes de euros –y de dólares– en el despacho de Manuel. También las otras propiedades de la familia, hasta sumar más de un millón de euros. ¿De dónde había salido esa descrbitada cantidad de dinero, que tanto esposa como hijo declaraban desconocer?

La tradicional concha del peregrino, de una vieira, símbolo otorgado a los peregrinos que llegaban hasta la capital compostelana.

En cualquier caso, los tres acabaron esa noche en el calabozo. Habían ido a por un delito, pero habían descubierto el rastro de otro. Pero aquella era una familia humilde, bastante normal. Sabían que tenerlos entre rejas podría desmoronarlos. Era una humillación, quizá injusta, para el padre y la madre. Y, quizá, su mejor baza.

DE LA APARENTE RESOLUCIÓN DE UN CASO...

Sin embargo, Castiñeiras no cedía. No le sacaron ni una palabra, pese a los ruegos de su mujer y de su hijo de que hablase. No se defendía: simplemente, callaba. La policía tocó otra tecla: en el piso del hijo –donde Manuel también escondió dinero y objetos– vivía la novia de este, una joven venezolana.

El juez instructor del caso, José Antonio Vázquez Taín, es un magistrado muy popular en Galicia, tanto por dirigir juicios contra narcotraficantes como por sus extravertidas maneras. Al poco de terminar la instrucción del caso del Códice Calixtino, publicó una novela de ficción en la que relataba la investigación de un juez en torno al robo del Códice por parte de un grupo organizado, lo cual generó cierta polémica.

Técnicamente, también podían acusarla, y la ingresaron en el mismo calabozo de Santiago. La joven sufrió aquella noche un episodio de epilepsia, que escuchó su pareja, que acabó con ella en el hospital. El hijo no podía soportar aquello y gritó para que su padre hablase: «¿Es que no te importamos, no te importa nada?». Ante la falta de respuesta, pidió hablar con un agente para recitarle todas las propiedades de su padre, donde pudieran buscar. Y, en efecto,

Fajos de billetes
incautados en
la vivienda de
Manuel Fernández
Castiñeiras.

había un garaje que poseía, pero que no constaba en ningún papel. Allí fueron a
buscar.

Era un garaje empleado como trastero, desordenado y polvoriento, como la
mayoría de ellos. Inspeccionaron todo por orden, sin éxito. Tan solo quedaba la
última esquina, una bolsa de pienso. La abrieron, dentro había algo envuelto en
más plásticos y en periódicos. Era el Códice Calixtino.

Hubo un chivatazo y en unos minutos llegaron los medios de comunicación.
En la sobremesa del 4 de julio, los telediarios interrumpieron su programación:
«Nos acaba de llegar una feliz noticia...».

... A LA APERTURA DE OTRO DELITO

Por suerte para el códice –y para todos– el plástico, el pienso y los periódicos
hicieron de un excelente protector contra la humedad, y se encontraba en
perfecto estado. La policía también esperaba encontrar una maleta con 600 000
euros que aún no habían aparecido, pero que sin embargo estaban anotados en
las cuentas de Manuel, que llevaba con sorprendente pulcritud. Apareció días
después, en el patio de la vivienda familiar.

Durante la instrucción del juicio, Castiñeiras siguió en prisión y mantuvo
su escasa colaboración. En un principio, sí había admitido la mayor: había
robado el códice por despecho, por hacer daño al deán, quien no le había
promocionado ni protegido como él deseaba. Sin embargo, pronto se descolgó
con una declaración en la que afirmaba que había sustraído el libro a instancias
del deán, y que el dinero que tenía en casa era un adelanto por el trabajo.
Que todo respondía a una operación del canónigo para dar publicidad y
fama a la catedral. Aquello no se sostenía, pero otra prueba vino a enterrar
más a Castiñeiras: una cámara de seguridad lo había captado robando en el

Se instaló una cámara de seguridad cuando detectaron que faltaba dinero. Como aquello le «incomodaba», Castiñeiras cortó un cable, y todos creían que no funcionaba. En realidad, era tan solo el cable del monitor: las imágenes se seguían registrando en un disco duro, al que pudo acudir la policía.

lugar donde se guardaba el dinero recogido en los cepillos... ¡hasta en 56 ocasiones!

En realidad, se estaba destapando una de las ramificaciones de este caso (hay varias). Desde hacía unos años, el administrador de la catedral había detectado que faltaba dinero en las arcas. No coincidía el primer recuento de lo recaudado con lo que luego se ingresaba en el banco. Eso fue algo que nunca comentaron a la policía, y que hubiera ayudado a enfocar el caso. La opacidad con la que se manejó la iglesia mantuvo todo eso al margen, para desesperación de la ley. Se sabía que faltaba dinero, pero las precauciones tomadas eran escasas y laxas. Se recaudaban más de 100 000 euros al mes de media en donativos, y del primer recuento a lo que se llevaba faltaba cerca de un 10 %. En cierto modo, se asumía eso como un mal menor. O como una *oportunidad* de la que algunos podían salir beneficiados: no solo Castiñeiras.

Vuelve ya a lucir el Códice Calixtino, considerado ahora sí un auténtico tesoro nacional, querido por todos, alabado, como si eso le fuese a importar tras nueve siglos de existencia.

EL JUICIO

En diciembre de 2014 comenzó el juicio como tal. Sobre la cuestión del dinero, su contabilidad y custodia, no se actuó a fondo. Pero se expuso al público y al menos sirvió para que la catedral se modernizase en ese aspecto. La abogada de Castiñeiras –experta en la defensa de narcotraficantes– intentó justificar que un humilde electricista podía haber ahorrado casi dos millones de euros en metálico,

En una de las ramificaciones de este caso rocambolesco, se detuvo a una persona que quería extorsionar al deán. El hombre, un conocido de la policía, contactó con el canónigo y le aseguró que Castiñeiras le había hecho llegar un deuvedé con unas conversaciones comprometedoras para él y para el cabildo. El disco, en realidad, no existía, y se comprobó que el extorsionador había hecho lo mismo con otras figuras públicas.

además de los pisos: Manoliño era un tipo muy trabajador, que laboraba «incluso en las huelgas generales» y «el día que nació su hijo». Pero la justicia no se tragó aquella excusa kafkiana, y menos cuando proyectaron las imágenes de Castiñeiras expoliando el armario de la administración catedralicia. Otro acto del sainete fue cuando se presentó a Manuel como alguien bajo un trastorno de acumulación de objetos, algo similar al síndrome de Diógenes (esas personas que acumulan basura en casa). Y, en cierto modo, así era, ya que se le incautaron en su casa cartas dirigidas a sus vecinos que había extraído de sus buzones y efectos personales del deán; pero aquello no resultó, para nada, un eximente: el electricista sabía bien lo que hacía.

Al final, Manuel Fernández Castiñeiras fue condenado a nueve años de cárcel, por un delito continuado de robo con la agravante del valor económico e histórico-artístico del Códice Calixtino, y su mujer recibió una pena de seis meses, al considerar que no podía desconocer el origen de tanto dinero.

El deán dimitió, Castiñeiras salió de la cárcel en 2019 por un derrame cerebral, y en la catedral de Santiago ruegan por que ningún empleado vuelva a sentirse agraviado. Mientras, luce en su esplendor el Códice Calixtino, considerado ahora sí un auténtico tesoro nacional, querido por todos, alabado, como si eso le fuese a importar tras nueve siglos de existencia.

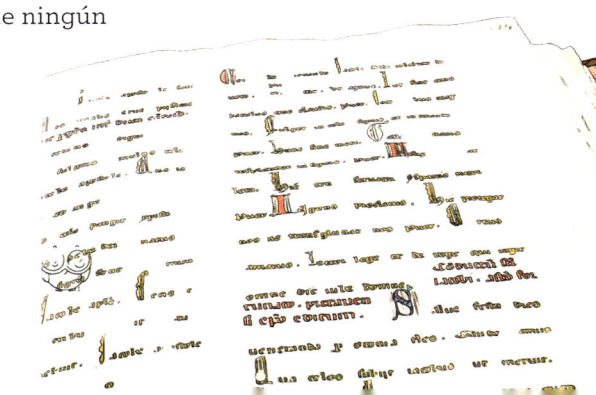

ROBO (O EVAPORACIÓN) DE UNA ESCULTURA DE SERRA

O CÓMO SE PERDIÓ UNA OBRA DE ARTE DE 38 TONELADAS

El desconcierto y el absurdo habitan cada línea de esta historia, a la que ni siquiera sabemos si llamar robo. En algún momento, a caballo entre el siglo XX y el XXI, desapareció una gigantesca escultura de Richard Serra. El desenlace –si podemos llamarlo así– es tan asombroso como el propio y fantasmal desarrollo.

 España, Arganda del Rey (Madrid).

 Fecha desconocida.

 Equal-Parallel/Guernica-Bengasi.
Escultura en acero corten de 38 toneladas.

Autoría desconocida (si realmente fue un robo).

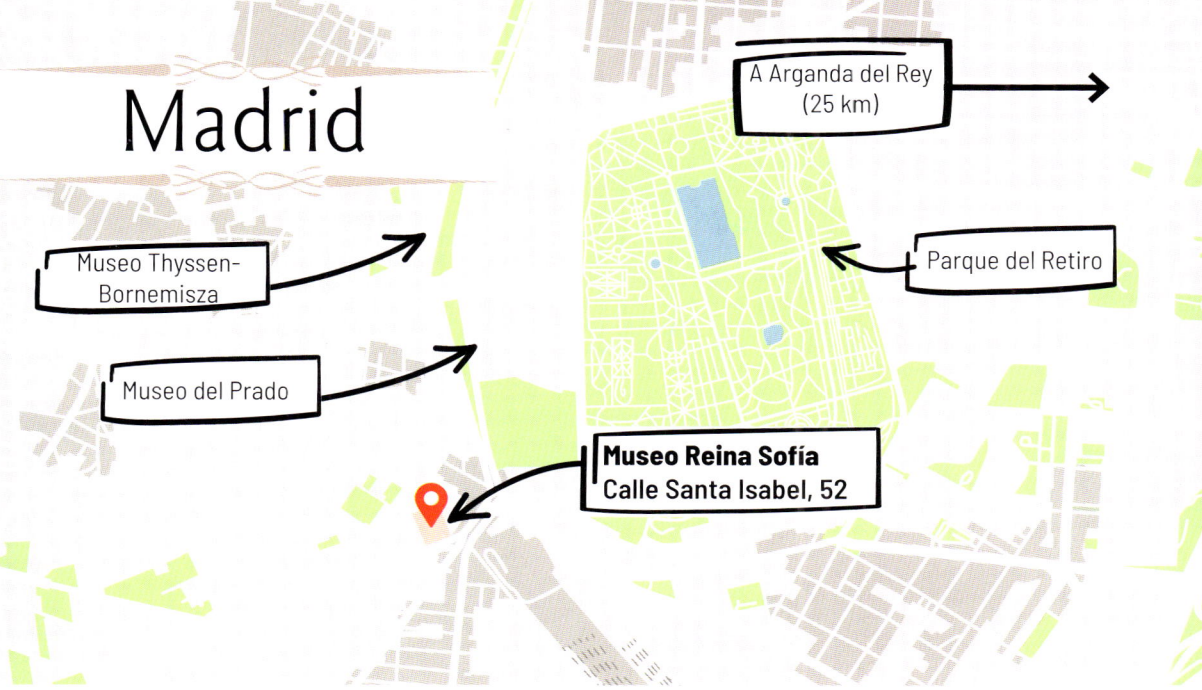

Madrid

Museo Thyssen-Bornemisza

Museo del Prado

Museo Reina Sofía
Calle Santa Isabel, 52

A Arganda del Rey
(25 km)

Parque del Retiro

TENEMOS (¿MAL?) ACOSTUMBRADO al lector. Aquí ofrecemos robos más o menos de manual, con principio, nudo y desenlace. También con protagonista ladrón, en plural o singular, y un final más o menos feliz. Lo robado vuelve a casa, todo o en parte, y todos podemos irnos a dormir tranquilos. Quizá haya llegado el momento de dejar atrás esta versión ortodoxa del crimen, que satisface el orden narrativo clásico que heredamos de los griegos, como si el crimen quisiera imitar al arte.

Es la hora de un delito sin cadáver, sin huellas y, sobre todo, sin sentido. Es la hora de una obra de arte de 38 toneladas que desaparece de la vista sin dejar rastro, como cuando David Copperfield hizo desaparecer la Estatua de la Libertad delante de cientos de espectadores. Lástima que, esta vez, iba en serio.

ENSEÑA DE LOS NUEVOS TIEMPOS

El Museo Reina Sofía de Madrid nació en 1986, símbolo orgulloso de los nuevos tiempos sociales y culturales de la sociedad española, de la modernidad de aquel Madrid de la *movida*. Durante los primeros dos años, en realidad, no ostentaba el título de *museo*, sino de *centro*, puesto que su objetivo inicial era albergar exposiciones temporales de arte contemporáneo. En cualquier caso, para su inauguración, el 26 de mayo de 1986, se quiso contar con obra de reputados artistas españoles, como Eduardo Chillida, Antonio Saura y Antoni Tàpies. También, cómo no, de otros extranjeros, entre ellos el célebre escultor Richard Serra, palabras mayores. A este influyente estadounidense se le encargó la creación de una obra, que el museo compró para sus fondos.

Sobre el Reina Sofía

El Museo Nacional Centro de Arte Reina Sofía ocupa un edificio construido a mediados del siglo XVIII, en época del rey Fernando VI, diseñado por el arquitecto militar José de Hermosilla y continuado por el célebre arquitecto italiano Francesco Sabatini. Desde entonces funcionó como Hospital General de Madrid, donde llegaron al mundo miles de madrileños (como el padre de quien esto escribe).

En 2005 se inauguró su ampliación, diseñada por el arquitecto francés Jean Nouvel. El museo alberga obras de arte de autores españoles del siglo XX, como Pablo Picasso, Salvador Dalí y Joan Miró, y de multitud de artistas de renombre internacional. Funciona como continuación temporal del Museo del Prado, puesto que cubre el periodo que va de finales del siglo XIX a la actualidad.

Serra realizó una escultura totalmente reconocible por su estilo minimalista. Eran cuatro bloques en acero corten, a la que bautizó como *Equal-Parallel/ Guernica-Bengasi*, y por la que recibió unos 37 millones de pesetas de entonces. Estuvo a tiempo para el día del champán, las cámaras y las autoridades. Un *Serra* para el Reina Sofía: eso es que España iba bien.

UNA OBRA DE ARTE EN RETIRADA

El Reina Sofía, al menos, iba lanzado. En 1992 se reabrió como Museo Nacional Centro de Arte Reina Sofía, uno de los vértices del Triángulo de Oro (o del Arte) de la capital, junto al Museo del Prado y al Museo Thyssen-Bornemisza. Una sólida obra permanente, grandes exposiciones temporales; incluso se empieza a pensar en una futura y faraónica ampliación. Los turistas acuden a millares –ya es el más visitado de España, por delante del Prado– e incluso, para lo que nos atañe en este libro, no hay robos, más allá de los objetos incautados por los malos turistas en la tienda de *souvenirs* de la planta baja. *Peccata minuta*.

Pero, como dijimos al principio, no es esta una historia que transcurre por los cauces habituales del robo. Ni siquiera sabemos si es un robo, lo cual nos ha

Equal-Parallel/Guernica-Bengasi, en su ubicación actual en el Museo Reina Sofía.

de resultar más fascinante que decepcionante. En 1990, el éxito del museo, su constante ir más allá, le lleva a querer prescindir de _Equal-Parallel/Guernica-Bengasi._ No se discute su valor, pero ocupa toda una sala y, bueno, toca dejar sitio a otras. Un paso atrás, ya vendrán tiempos mejores, al fin y al cabo ese acero va a durar miles de años. Sucede en los mejores museos, en cuyos sótanos se acumulan obras cuya venta acabaría con el hambre en algunos países e incluso en los restaurantes de _nouvelle cuisine._

¿Qué se hace con una obra de 38 toneladas, en cuatro piezas, que se quiere retirar, pero, a la vez, conservar? Pues se lleva a una empresa especializada, que las hay, y son imprescindibles en el mundo del arte. En este caso, Macarrón S. A., una de gran prestigio, casi centenaria, una referencia no solo en España, sino también en Europa. En esta ocasión, no se trata de trasladar un cuadro: se sacan los

La guerra civil española comenzó en 1936 y en Madrid se libraron muchas batallas. Temiendo la destrucción del Museo del Prado, el Gobierno de la República encargó a la Casa Macarrón el traslado de las obras de los grandes maestros, primero a Valencia y después a Suiza; y en 1939 las trajo de vuelta a España con las bombas de la Segunda Guerra Mundial como nuevo peligro.

> *¿Y si alguien la robó, tan solo por el acero? Se descarta por materialmente imposible que, aprovechando la falta de vigilancia, un chatarrero y sus hombres se llevasen la escultura.*

bloques de acero por las ventanas del museo, con cinco grúas. *Equal-Parallel/ Guernica-Bengasi* termina en un descampado de la empresa en Arganda del Rey, localidad en las afueras de Madrid, embalada en unas jaulas de madera y cubierta por unas lonas. Macarrón pasó una factura de 10 millones de las extintas pesetas por su traslado y custodia.

EMPIEZAN LAS INVESTIGACIONES

Bien, hasta aquí, todo dentro de la normalidad. Ahora pongamos un acelerador al tiempo, hasta 2006. Es entonces cuando el diario español *ABC* destapa la insólita noticia. Nadie conoce el paradero de *Equal-Parallel/Guernica-Bengasi*. En octubre de 2005, cuando el museo pregunta por ella al titular de la empresa, este afirma que no sabe nada y que nada tiene que saber. Que su empresa ya no existe, y que él ya había dado parte. ¿Qué demonios puede haber pasado con una obra de 38 toneladas? ¿Cómo se esfuma *eso*?

En 2006 se abre una causa judicial, la policía investiga. Macarrón había entrado en quiebra en 1992; en abril de 1994 la embargaron por adeudar 656 millones de pesetas a Hacienda y a la Seguridad Social. En 1998, la Seguridad Social se incautó del solar y las naves, así como de varios efectos existentes en las mismas. Y hace buen uso de esos terrenos: en 2001, se empiezan a construir allí mismo los Archivos Generales del Ministerio de Trabajo y Seguridad Social. Sin embargo, en el documento oficial de la incautación no se realiza referencia alguna a la obra de Serra.

` *Equal-Parallel/Guernica-Bengasi* está formada por dos bloques de acero de 5 m de longitud, 1,48 m de altura y 24 cm de espesor, cada uno de 15 toneladas de peso, así como otros dos bloques de menor tamaño, de 4 toneladas cada uno. Recibe su nombre en recuerdo del bombardeo de la Legión Cóndor sobre la población civil de Guernica, el 26 de abril de 1937 y por un acontecimiento que ocurrió durante la creación de la escultura, el ataque del 15 de abril de 1986 a la ciudad libia de Bengasi por parte de la aviación estadounidense.

Por su parte, el Reina Sofía aporta documentos que atestiguan que, hasta 1993, la obra estaba *viva*: aparecía en el inventario. Incluso aparece un informe, fechado en 1995, que sugiere que la obra se encuentra al aire libre y en un estado de conservación deficiente en el solar de Macarrón. ¿Entonces, qué?

¿QUIÉN HIZO QUÉ?

Entonces, el desconcierto, el estupor. Y unas hipótesis, aunque solo sean para calmar los ánimos, o las malas conciencias, si las hubiera.

Jesús Macarrón, gerente de la empresa, declaró que en 1998, cuando la compañía entró en quiebra, advirtió a la dirección del Reina Sofía de que debían hacerse cargo de la obra. Curiosamente, Macarrón quebró por la deuda con el Ministerio de Cultura, que no le pagaba. Se iban encargando de asuntos cada vez mayores, la empresa tuvo que crecer para encarar los proyectos, las cuentas fallaron y llegó la ruina. Algunos podrían pensar mal.

Y sí, una de las principales hipótesis es que Macarrón, en algún momento –años hubo– vendiera la obra para resarcirse, para *vengar* su quiebra y reparar el daño económico tras su experiencia con el Ministerio. Pero esa hipótesis, lanzada al aire desde el mismo Museo Reina Sofía, no encuentra un apoyo en ningún hecho, la justicia no puede imputar nada, todo anda en orden por ese lado.

Bien. ¿Y si alguien la robó, tan solo por el acero? Se descarta por materialmente imposible que, aprovechando la falta de vigilancia, un chatarrero y sus hombres

Fachada principal del edificio Sabatini del Museo Reina Sofía.

Richard Serra, gran artista minimalista

Nació en San Francisco (California, Estados Unidos) en 1938, hijo de una madre ucraniana y un padre de origen mallorquín; este último curvaba acero en los astilleros de la ciudad californiana. Sus orígenes le hicieron ser uno de los favoritos de los museos y ciudades españolas, y recibió en 2010 el Príncipe de Asturias de las Artes. Fue un escultor minimalista de fama mundial y sus gigantescas esculturas aparecen en varios lugares del planeta, preferentemente en espacios abiertos.

La adquisición de *Equal-Parallel/Guernica-Bengasi* no estuvo exenta de críticas. Hubo quien creyó inviable que el museo pudiera mantener una pieza tan voluminosa de manera permanente y que acabaría en un almacén, como así sucedió. Si el museo, tras su exhibición para la inauguración, no la hubiese comprado, se habría destruido. Algo que Serra aceptó con normalidad numerosas veces, ya que asumía que su arte podía ser temporal, para un momento y lugar determinado, y que luego no podía conservarse. Si más tarde se deseaba volver a exhibirlas, las fabricaba de nuevo. Era el concepto de que las obras están vivas mientras el autor siga vivo y pueda volver a ejecutarlas, algo que ya no ocurrirá, pues Serra murió en 2024. Ese mismo proceso forma parte de la obra de arte; en el caso de las esculturas gigantes de Serra, implicaba a centenares de personas.

Richard Serra, en 2002.

cargasen la escultura en una camioneta y se esfumasen. Recordemos que para su traslado hicieron falta cinco grúas. Tendría que haber sido algo más *profesional*. Alguien habría tenido que contratar esas aparatosas –y costosas– grúas para mover los bloques. Luego, antes de fundirlos, tendría que cortarlos, puesto que resultaban muy grandes para un horno: algo también complicado y costoso. Demasiados costes, demasiada gente implicada para unos 18 000 euros al cambio (el kilo de acero se pagaba entonces a unos 50 céntimos). El collar, parece, habría salido más caro que el perro.

En cualquier caso, la policía rastreó las empresas de transporte con capacidad para trasladar una escultura de ese peso y dimensiones, en especial las que habían estado relacionadas con Macarrón, por si hubiera constancia de ese movimiento. No se obtuvo nada. La policía descartó el desguazamiento y fundición de la obra.

> Y entonces, ¿qué? Si lo posible no puede ser, si lo imposible tampoco, y si 38 toneladas de acero siguen evaporadas, ¿qué queda?

De acuerdo, el material no valía el esfuerzo. Pero ¿y si a alguien sí le mereciera la pena por la valía artística de la escultura? ¿A algún amante del arte sin escrúpulos, a un millonario con un rancho con miles de aburridas hectáreas? Pudiera ser, cosas así se han visto (raramente): con un cuadro, con algún objeto de valor... Pero ¿con una escultura gigantesca, tan difícil de esconder, de un autor tan reconocido? Además, un millonario no hubiera robado una escultura de Richard Serra, qué vulgaridad: ¡hubiera pedido a Richard Serra que le hiciera una! La policía tampoco daba crédito a esa teoría.

Bien, rasquémonos un poco más la cabeza. Quizá, al estilo de la *carta robada* de Edgar Allan Poe, siempre estuvo allí, en el solar, casi al alcance de todos...

Ampliación del Museo Reina Sofía, trazada por el arquitecto Jean Nouvel.

Solo que enterrada. Los investigadores también barajaron esta hipótesis. ¿Fue sepultada bajo escombros cuando se derribó la nave de Macarrón? La Brigada de Delitos contra el Patrimonio sondeó el terreno y, por primera vez, ¡buenas noticias! Se detectó una gran estructura de metal a unos metros por debajo del suelo. Se llamaron a grúas, excavadoras, se removió la tierra... Lo que se encontró allá abajo fueron los restos de una torre de alta tensión, lo cual no carecía de gracia.

UN FINAL EXTRAÑAMENTE... ¿FELIZ?

Y entonces, ¿qué? Si lo posible no puede ser, si lo imposible tampoco, y si 38 toneladas de acero siguen *evaporadas*, ¿qué queda?

El absurdo, por un lado, y la resignación, por otro. Y se entremezclan en una especie de final feliz, si se quiere.

El absurdo es que el caso quedase sin solución alguna y que nadie asumiese responsabilidades, ni de parte del Estado ni de parte de la empresa. La resignación es otra cosa, una resignación creativa, o creadora. Avisado Richard

Serpiente, una de las esculturas más conocidas de Richard Serra, exhibida en el Museo Guggenheim de Bilbao.

Sala donde se exhibe *Equal-Parallel/Guernica-Bengasi,* en el Museo Reina Sofía.

Serra de la desaparición de la obra, se le pidió algo un tanto insólito: le solicitaron que hiciera una nueva obra, para exponerla –esta vez sí– de manera permanente. Y Serra aceptó, y gratis (o casi: 80 000 euros entre material y mano de obra), algo *a priori* poco creíble para un autor con fama de huraño e irascible, pero que acabó reaccionando de manera muy *constructiva.* Sí, rehízo su obra, la que ahora se puede visitar en el Museo Reina Sofía. Así que *Equal-Parallel/Guernica-Bengasi* es entonces una escultura desaparecida, a la vez que una escultura exhibida, como un gato de Schrödinger frío y gigante. Para Serra y para el museo, solo existía un *Equal-Parallel/Guernica-Bengasi.* Es un final fantástico –en todas sus acepciones–, porque el artista declaró que la segunda obra, idéntica a la primera, era la original: la materia original de la que se compone la escultura es la idea del escultor, anterior a ambas ejecuciones, y esa está en su cabeza (o corazón, o alma). Mientras él mismo pudiera replicarla, sería un original.

Entonces, ¿y si algún día aparece la primera escultura, la evaporada? ¿Se destruirá, como se ha llegado a sugerir? Hay quien piensa que sería una mala noticia, que el fantasma de su ausencia la favorece y la embellece, que la realidad no debe arruinar esta –¿a la fuerza ahorcan?– singular historia. Si encuentran la primera *Equal-Parallel/Guernica-Bengasi,* el misterio se esfumaría, y eso sí que sería irrecuperable.

Parte III

LA ERA DEL ROBO DIGITAL

EL FUTURO ES DE ELLOS, DE LOS LADRONES DE DATOS, PORQUE LA INFORMACIÓN ES PODER. LO HACEN CON UN PORTÁTIL DESDE EL QUE SE SUMERGEN EN REDES QUE CONTIENEN ARCHIVOS SECRETOS, QUE PUEDEN CAUSAR LA RUINA Y EL DESCRÉDITO DE ESTADOS Y PERSONALIDADES. A PRINCIPIOS DEL SIGLO XXI HUBO TRES CASOS SEÑEROS, QUE AÚN COLEAN. PODEMOS ESTAR SEGUROS DE QUE NO SERÁN LOS ÚLTIMOS.

WIKILEAKS: ¿ROBOS LIBERTARIOS?

¿HAY CHOQUE ENTRE LIBERTAD Y SECRETOS?

En 2010, el mundo se estremeció por las continuas revelaciones del portal de internet WikiLeaks, creado por Julian Assange. Su proyecto daba cobijo a filtraciones que sacaban a la luz papeles secretos de los gobiernos. ¿Eran héroes o simples ladrones modernos?

📍 Irak.

📅 5/1/2010.

🔍 Unos 400 000 documentos relacionados con la guerra de Irak. En los meses posteriores, seguiría descargando archivos sobre Afganistán y cables diplomáticos.

💡 Brad Manning, soldado estadounidense.

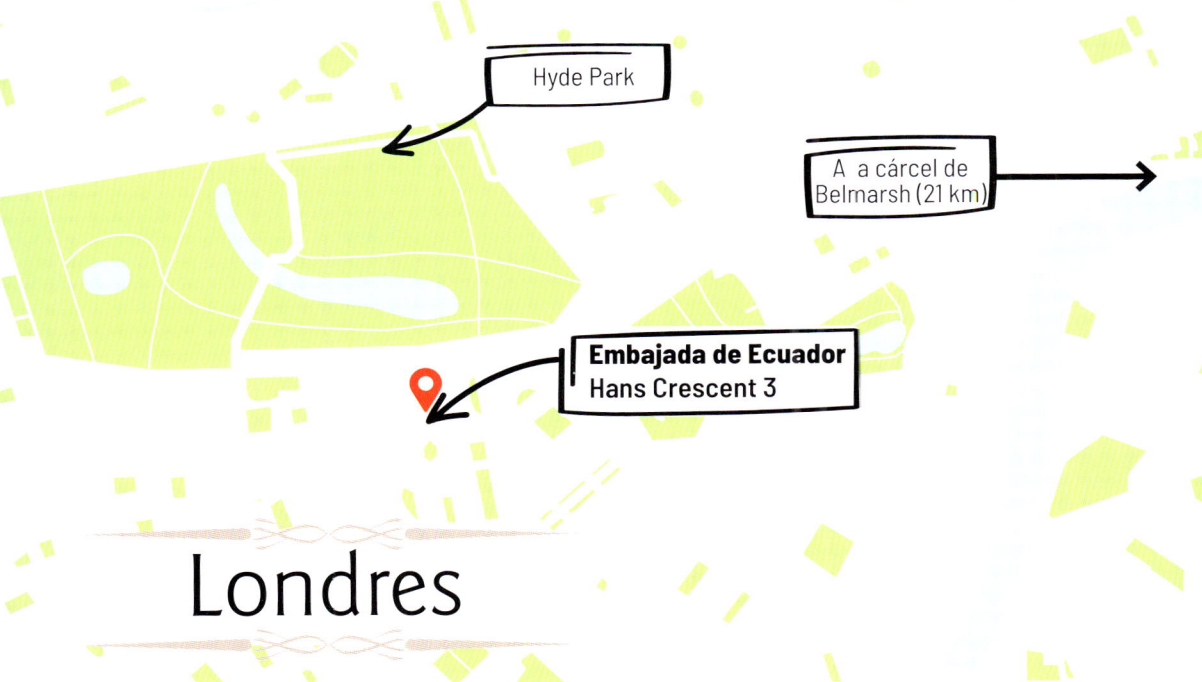

Hyde Park

A a cárcel de
Belmarsh (21 km)

Embajada de Ecuador
Hans Crescent 3

Londres

EL 5 DE abril de 2010 se filtra a los medios de comunicación un vídeo en el que se muestra cómo soldados del ejército estadounidense acribillan, desde un helicóptero, a 11 ciudadanos iraquíes en Bagdad, entre ellos, a un fotógrafo de la agencia de noticias Reuters. Lo llamaron el *Collateral Murder*, el «asesinato colateral». Aquello había ocurrido tres años antes, el 12 de julio de 2007. Estamos en la época de la ocupación norteamericana de Irak, a consecuencia de los atentados del 11 de septiembre de 2001 en Estados Unidos. El vídeo conmociona al mundo, por su crudeza... Y por poner en entredicho la credibilidad de las explicaciones del ejército estadounidense. Ese testimonio documental fue anunciado al mundo en el Club Nacional de Prensa de los Estados Unidos por el portal de noticias WikiLeaks.

LAS FILTRACIONES DE WIKILEAKS

WikiLeaks nació en 2006, fundada por Julian Assange. Era –y sigue siendo– una web orientada a publicar documentos e imágenes, filtrados por fuentes no identificadas de cara al público con el fin de desvelar escándalos y casos de corrupción de interés general. El portal permitía poner en línea documentos comprometedores sin ser identificado, gracias un sistema de encriptado. Una oportunidad única, nunca vista antes en la historia, al unir nuevas tecnologías con algo a medio camino entre el espionaje y la libertad informativa. He aquí la cuestión. Para quien piense que hay cuestión.

2010 fue el año de gloria de WikiLeaks. El *modus operandi* del portal solía ser similar. Tras recibir la información clasificada y cotejarla, se ponía en contacto con algunos de los medios de comunicación más importantes del mundo para ofrecérselos. Así, el 25 de julio de 2010, se publicaron de manera conjunta unos 92 000 documentos sobre la guerra de Afganistán entre los años 2004 y 2009, a los que se les dio el nombre de *Diarios de la guerra de Afganistán*, a través de los periódicos *The Guardian* (Reino Unido), *The New York Times* (Estados Unidos) y *Der Spiegel* (Alemania).

El 22 de octubre de 2010, WikiLeaks dio a conocer los *Documentos de la guerra de Irak,* a través de cinco periódicos de renombre (*The Guardian*, *The New York Times*, *Le Monde*, *Der Spiegel*, *El País*) y el canal de noticias árabe Al Jazeera. Fueron 391 831 documentos originados en el Pentágono sobre la guerra en aquel país de Oriente Medio, entre el 1 de enero de 2004 y el 31 de diciembre de 2009. En ellos se constataba el uso de torturas por parte de las fuerzas armadas aliadas iraquíes o la estimación del número de muertes que había generado el conflicto, que ascendía a 109 032, de las cuales 66 081 fueron de civiles. Hasta entonces, los mandos norteamericanos y británicos negaban que existiera dicho cálculo.

El 28 de noviembre de 2010, WikiLeaks volvió a la carga y entregó a los mismos cinco periódicos una ingente cantidad de comunicaciones entre el Departamento de Estado estadounidense (equivalente a un ministerio de Asuntos Exteriores) con sus embajadas de multitud de países. Eran 251 187 cables en los que se hablaba abiertamente de intereses más o menos soterrados de la diplomacia estadounidense en los países de destino. Fue conocido como el *Cablegate*.

Las filtraciones eran cada vez mayores, un escándalo se superponía con el otro. Julian Assange, ese australiano de vida atribulada, había puesto en jaque a la primera potencia mundial, Estados Unidos, en *demasiadas* ocasiones.

Un soldado estadounidense, en Afganistán.

Las guerras del siglo XXI y WikiLeaks

Tras los atentados del 11 de septiembre de 2001 en suelo estadounidense, se desencadenaron una serie de acontecimientos que cambiaron el mundo. Tras conocerse que los ataques habían sido diseñados por el grupo Al Qaeda, Estados Unidos y sus aliados decidieron intervenir en Afganistán, país en el que supuestamente se había refugiado Osama bin Laden, quien había ordenado directamente los atentados y que contaba con el apoyo del régimen talibán. El 7 de octubre de 2001, las fuerzas de la OTAN, con apoyo de las Naciones Unidas, invadieron el país asiático. Durante unos años, las fuerzas aliadas ocuparon el país y permitieron elecciones libres, pero en 2021 los extremistas talibanes recuperaron el poder. Fue el conflicto bélico más largo llevado a cabo por Estados Unidos en toda su historia.

También a raíz de aquellos mismos atentados, Estados Unidos y Gran Bretaña invadieron Irak, el 20 de marzo de 2003. El Gobierno iraquí había sido acusado de dar amparo a Al Qaeda y de esconder armas de destrucción masiva. El régimen de Saddam Hussein, dictador local, fue depuesto. Sin embargo, no se encontraron pruebas de aquellas armas de destrucción masiva, ni de la vinculación de Hussein con Al Qaeda.

Ambas guerras provocaron unos 200000 muertos y millones de refugiados, y dieron pie, entre otros *efectos colaterales*, a fenómenos como el de WikiLeaks.

¿QUIÉN FILTRÓ AL FILTRADOR?

Ese es el quid de la cuestión para WikiLeaks: dar credibilidad a sus filtraciones sin revelar nada del quién y del cómo. En ocasiones, a la fuente no le ha importado ser pública; pero, en la mayoría de los casos, al tratarse de asuntos que comprometen a una organización, o al gobierno de todo un país, se prefiere mantener el anonimato. Sin embargo, en el caso de las filtraciones de 2010, sí se llegó a saber quién fue el responsable. Quién era *el ladrón*.

Brad Manning era un soldado y analista de inteligencia del ejército de los Estados Unidos. Él fue quien se hizo con los datos de las guerras de Afganistán e Irak, así como con los cables diplomáticos. Como analista destinado en Irak, tenía acceso a bases de datos clasificadas. Y a eso aplicó su *talento*. Manning no era un jáquer –el informático que se dedica a atacar sitios de internet– con grandes ideales libertarios. Era más bien un soldado con problemas de adaptación en el ejército, alguien apartado por sus compañeros en el desierto iraquí. Todo eso se supo más tarde en el juicio al que fue sometido en 2013.

Manning se hizo con toda aquella información desde su destino en Oriente Medio y se la entregó a Assange, puesto que WikiLeaks ya se había hecho un nombre antes de aquel 2010. Manning se sentía seguro con su apropiación, pero solo en todo lo demás. Necesitaba alguien con quien hablar de sus penas en el

ejército, y alguien con quien conversar de sus *hazañas* en la web. Y escogió a un joven llamado Adrian Lamo, una persona introvertida como él, un prestigioso jáquer, para hacer las veces de confesor a distancia. Lamo era un informático contratado a menudo por grandes corporaciones para que jaquease sus sistemas informáticos de manera no maliciosa, con el fin de encontrar fallos en su seguridad, lo que en su jerga se llama un «sombrero gris» (en oposición a los «sombreros negros», los que sí buscan un fin perverso).

Durante un tiempo, y por chats y correos electrónicos, Manning se sinceró.

> **" Estoy en medio del desierto con un hatajo de paletos ignorantes machotes y de gatillo fácil... el único lugar seguro que tengo es una conexión de internet por satélite... Mi familia no me apoya, no tengo nada más que este ordenador, algunos libros y una historia sensacional.**
>
> **Soy un analista de inteligencia del ejército, en Bagdad, a la espera de ser relevado por «falta de adaptación» a causa de «desorden de identidad de género»... ¿Qué harías si tuvieras acceso a redes clasificadas 14 horas al día, siete días a la semana durante más de ocho meses? "**

Pero, abrumado por la confesión de su interlocutor, Lamo decidió dar parte de lo que iba recibiendo. El caso del *Collateral Murder* ya se había hecho público,

con su inmenso revuelo internacional, y Lamo tenía ante sí al «responsable» en la sombra. Aquellas informaciones, consideraba, podían poner en riesgo la seguridad de otros compatriotas, pensaba. Y se puso en una disyuntiva de difícil solución: traicionar a aquel joven que le había abierto su intimidad o traicionar a su país, por sentirse cómplice de aquello. Decidió que la menos mala era la primera.

Confesó que era una decisión moralmente ambigua, pero «objetivamente necesaria». Todo aquello se supo en el juicio de 2013, durante el cual Lamo fue ensalzado por algunos, y calificado de infame «soplón» por la práctica totalidad de la comunidad jáquer. La historia, con ciertos tintes de tragedia griega en su componente más personal, terminó con una condena de 35 años de prisión para Manning. En enero de 2017, su sentencia fue conmutada a siete años, con lo cual fue puesta en libertad meses después. Al salir ya se llamaba Chelsea Manning, puesto que oficializó su cambió de sexo durante su estancia en prisión. Adrian Lamo apareció muerto en 2018, sin darse a conocer las circunstancias.

JULIAN ASSANGE

WikiLeaks ha seguido aportando filtraciones de casos notables, pero nada como aquel *glorioso* 2010. Esto se debe, en gran medida, a los problemas con la justicia de su creador, Julian Assange. Nació en Australia en 1971 y tuvo una infancia atribulada, con más de 30 residencias distintas. Sus padres se separaron antes de que él naciera. Vivió con su madre y sus sucesivas parejas, y de uno de ellos tomó el apellido. Aunque cursó estudios universitarios de Informática, Matemáticas y Física, no los completó. El joven Julian era un auténtico autodidacta y ya con 16 años la policía allanó su casa para confiscar su ordenador, sospechoso de jaquear y robar un

Julian Assange, en 2015.

banco. A principios de 1990 era el jáquer más famoso de toda Australia –cuando casi todo el planeta aún ignoraba lo que era internet– y con otros amigos había formado un grupo de piratas informáticos, autodenominado como *The International Subversives*.

En 1994 lo acusaron de 31 delitos relacionados con la piratería, el uso fraudulento de una red de telecomunicaciones, la obtención de acceso a información, el borrado y la alteración de datos. Se libró de la cárcel por el pago de una multa y por su buena conducta. También ayudó su colaboración con la justicia a la hora de procesar a los responsables de publicar y distribuir pornografía infantil. Como buen pirata informático, Assange tenía un pie en el delito y otro, en la solución.

LA JUSTICIA Y ASSANGE

Con el paso de los años, Assange fue ganando experiencia y contactos. Con algunos de ellos –disidentes, matemáticos y activistas– creó, en 2006, WikiLeaks. *Wiki* significa 'rápido' en hawaiano, así que WikiLeaks quiere decir 'filtraciones rápidas', un término inspirado en Wikipedia, la conocida enciclopedia *online*. Assange definía su portal como «Un servicio público internacional, especializado en permitir a periodistas o informantes que han sido censurados en presentar sus materiales al público». Y así hizo, con regularidad, hasta 2012, y decreciente frecuencia desde entonces.

Embajada de Ecuador, en Londres.

En septiembre de 2010, Assange fue acusado por la fiscalía sueca de ser sospechoso de violación en grado menor, coacción ilegal y múltiples casos de abuso sexual. Estuvo unos meses en Londres en régimen de libertad bajo fianza, hasta que en junio de 2012, cuando el cerco se estrechaba sobre él, buscó refugio en la embajada de Ecuador en la capital británica. Asimismo, la justicia estadounidense también reclamó que compareciera ante ellos, imputado en virtud de la Ley de Espionaje de 1917.

Assange permaneció durante siete años en el interior de la embajada ecuatoriana, convirtiéndose aquel edificio de la Hans Crescent de Londres en el lugar, posiblemente, más vigilado del planeta. En el exterior y también en el interior: se instalaron cámaras con micrófonos en varios puntos de la embajada, así como micrófonos en los extintores y en el baño de mujeres. Durante esos años, la salud física y mental de Assange se fue deteriorando, y sus discursos desde la terraza de la embajada se convertían en todo un acontecimiento.

Esa situación insostenible se mantuvo hasta abril de 2019, cuando Ecuador le revocó el asilo y la policía de Londres lo arrestó, en la propia embajada, por no comparecer en sus citaciones judiciales. Desde entonces, Assange se encuentra en prisión preventiva en la cárcel de máxima seguridad de Belmarsh, mientras Estados Unidos persevera en sus intentos por conseguir una extradición. Es una historia que aún no ha escrito su última página.

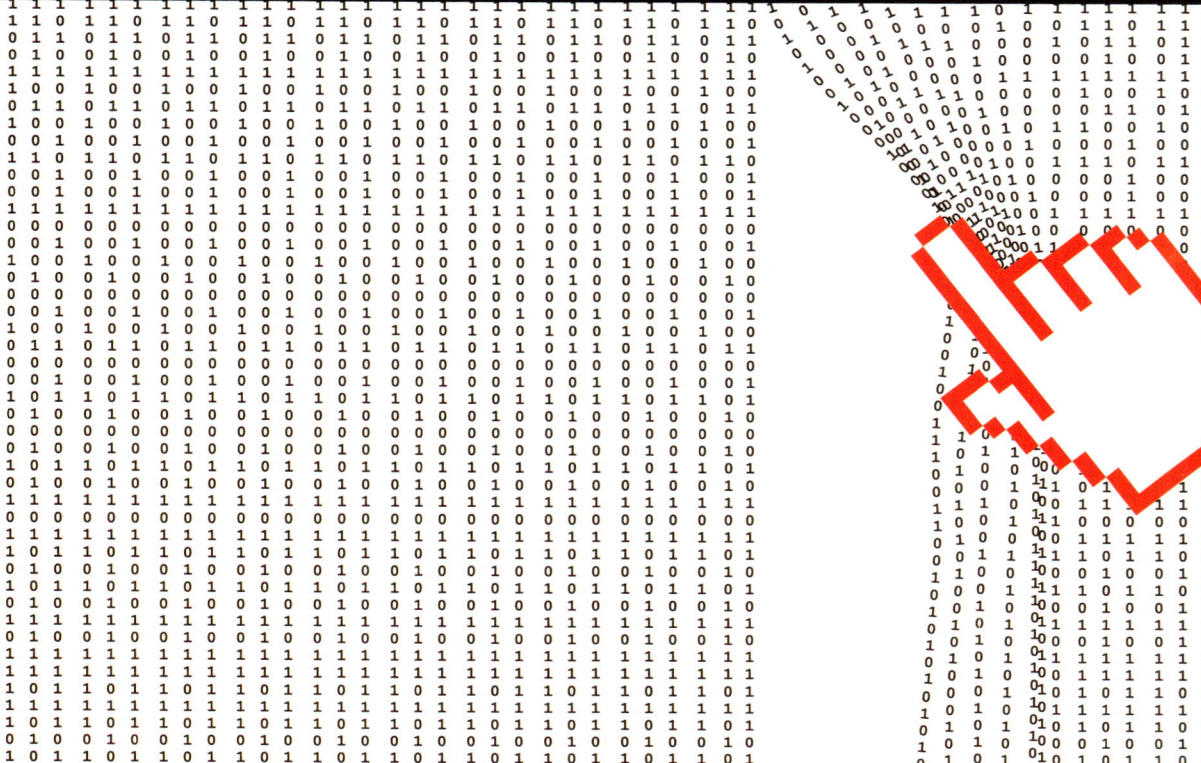

Manifestantes frente a la embajada de Ecuador en Londres, en agosto de 2012.

DOS VISIONES

El caso de WikiLeaks y Assange presenta muchas aristas y enfrenta a férreos defensores de su figura contra aquellos convencidos de su peligrosidad. Son muchas las voces que denuncian que no hay que matar al mensajero, que WikiLeaks y Assange no resultan un peligro para la democracia, sino, al contrario, que la salvaguardan. El célebre filósofo Slavoj Žižek se preguntaba sobre este asunto:

> **❝ ¿Quién más dejará en evidencia todos los abusos y las verdades inconvenientes que los que ostentan el poder quieren ocultar, se trate de crímenes de guerra o los hallazgos internos de las compañías de redes sociales acerca de lo que sus plataformas están causando a las adolescentes? ❞**.

Sin embargo, también hay otras voces, más cercanas al poder establecido, que reclaman un mínimo derecho al *secreto oficial*. En otras palabras, a una cierta libertad para que los gobiernos tengan la oportunidad de enfrentarse a sus adversarios con eficacia. Quiénes son esos gobiernos, cuáles son sus enemigos y qué amenazas suponen para sus ciudadanos es otro debate que se desprende de todo lo anterior.

Lo que está fuera de toda duda es que los robos informáticos son, quizá, el *futuro* del mundo del crimen y que los nuevos ladrones no necesitan llevar pasamontañas, sino un buen encriptado.

EL CASO SNOWDEN

¿CONTRA EL ESPIONAJE O CONTRA LA SEGURIDAD?

¿Libertad o seguridad? ¿Privacidad o vigilancia? ¿Son válidas estas dicotomías o están falsamente contrapuestas? A todo esto nos enfrenta el caso de Edward Snowden o, en justicia, el caso que él mismo sacó a la luz: la creación de un entramado de espionaje mundial de las telecomunicaciones.

Hawái.

- - - - - - - - - - - - - - ->

Finales de 2012.

<- - - - - - - - - - - - - -

Más de un millón de documentos relacionados con el espionaje de los servicios secretos estadounidenses.

- - - - - - - - - - - - - - ->

Edward Snowden, informático estadounidense.

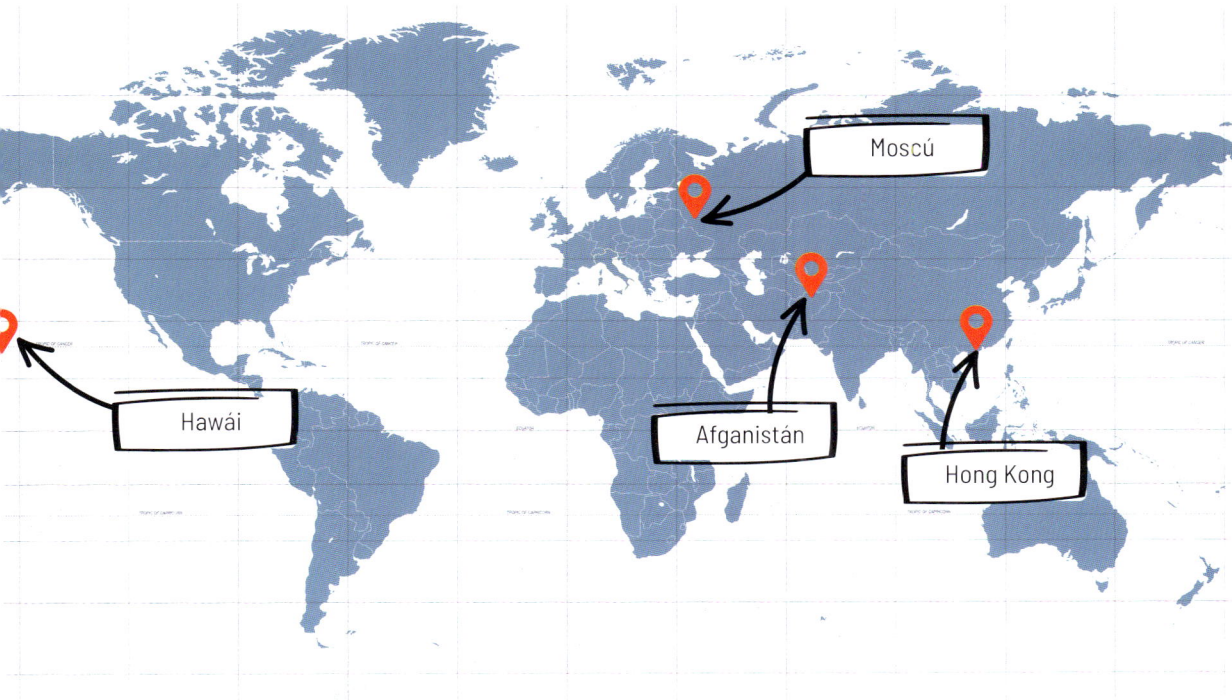

En 2013, el mundo aún se hallaba bajo el influjo de lo que habían supuesto los atentados del 11 de septiembre en Estados Unidos. Posiblemente, aún lo estemos, ya lo estaremos siempre. Pero aún no se sabía hasta qué punto llegaban los cambios, hasta qué punto nos podía afectar. Al movimiento geopolítico se le sumaba, además, la revolución tecnológica que suponía internet y sus múltiples aplicaciones, la comunicación inmediata y universal, la consecuente globalización. En junio de 2013, el informático Edward Snowden, un joven estadounidense de 30 años, arrojó bastante luz sobre ese «cambio». Lo hizo robando unos documentos secretos de la Agencia de Seguridad Nacional norteamericana (NSA, por sus siglas en inglés). ¿Un héroe de la transparencia o un villano traidor? Eso va en gustos, y no solo en eso.

JOVEN, AMBICIOSO E INQUIETO

Edward Snowden apenas tenía 20 años en 2004, cuando se alistó en las Fuerzas Especiales del Ejército de los Estados Unidos, más conocidos como los Boinas Verdes. Es un grupo de élite, especializado en operaciones de información, de acción el extranjero, en misiones de rescate, narcóticos... Asuntos muy delicados. Al joven Snowden le gustaba el riesgo tanto como la defensa de su país. Se sentía obligado a colaborar en la guerra de Irak, a ayudar a su país. Pero la ilusión debió de quebrarse pronto, quizá al mismo tiempo que sus piernas. Se las partió ese mismo año, mientras entrenaba, y fue licenciado. Le ofrecieron una salida laboral ligeramente relacionada, un sustitutivo: sería guardia de seguridad en unas instalaciones secretas de la NSA en la Universidad de

Maryland. Para ello necesitaba, y obtuvo tras un examen, una autorización de seguridad de alto nivel. Sin embargo, al poco tiempo identificó su verdadero talento. Buscó trabajo en la Agencia Central de Inteligencia (CIA) y logró un puesto en su mítica sede de Langley, en Virginia. Lo suyo era la informática, en todo lo relacionado con comunicaciones globales. En poco tiempo se vio que era bueno. En un poco más, todos se dieron cuenta de que no era solamente bueno: era un auténtico genio.

El concepto de «autorización de seguridad» existe en muchos países. Una autorización de seguridad permite a las personas que la obtengan acceder a información clasificada o a áreas restringidas. Va por niveles, y en Estados Unidos la máxima jerarquía corresponde al presidente del país, que puede desclasificar casi cualquier información. Antes de conceder una autorización, se realiza una investigación de antecedentes en profundidad, y el destinatario firma un acuerdo de confidencialidad.

Su carrera fue en ascenso. Lo fichó la NSA para misiones en otros países, para buscar nuevas formas de internarse en el tráfico telefónico y de internet en todo el mundo. Su trabajo consistía, en buena medida, en espiar, o en facilitar que otros espiasen. Manejaba un equipo de analistas aún más jóvenes que él, en el que se iba instalando una especie de incomodidad. ¿Estaba bien lo que hacían? En su día a día se encontraban con material íntimo de las personas que investigaban, a menudo sexualmente explícito. ¿Tenían derecho a hacer aquello? ¿A quién o a qué servían?

Cuanto más sabía, más dudaba Snowden.

EL ROBO DE DOCUMENTOS

Destinado en Hawái por la NSA, Snowden comenzó a descargarse archivos secretos en 2012. Continuó durante un tiempo, hasta los primeros meses de 2013. El informático declaró que en ese periodo sucedió algo que precipitó sus actos. Vio por televisión cómo el director de la Inteligencia Nacional mentía bajo juramento ante el Congreso. Aquello lo enervó. En mayo de ese mismo año, Snowden abandonó durante un tiempo su trabajo en la NSA, con el pretexto de que debía recibir tratamiento para su epilepsia. En realidad, lo que hacía era ganar tiempo para viajar hacia Hong Kong. Llevaba tiempo entrevistándose con un periodista, que estaba a punto de publicarlo todo.

Logotipo del satélite de reconocimiento estadounidense NROL-39, supuestamente implicado en la red de vigilancia, con el lema «Nada está fuera de nuestro alcance».

En efecto, hacía tiempo que Snowden conversaba con Glenn Greenwald, un periodista y abogado estadounidense que trabajaba para la edición norteamericana del diario británico *The Guardian*. También con Laura Poitras, una directora de cine documental cuyas obras ya habían revelado algunas prácticas oscuras del gobierno estadounidense. A ellos confió casi todo lo que se había descargado. Según declaró Snowden más tarde, iba a revisarlo todo para que aquella ingente cantidad de información fuese «relevante para el público», sin que causara daños directos e indebidos a nadie. Pero esto último resultaba muy interpretable.

> ❝ Evalué cuidadosamente cada documento que divulgué para asegurarme de que cada uno era legítimamente de interés público. Hay todo tipo de documentos que habrían tenido un gran impacto que no entregué ❞.
>
> E. Snowden.

LA FILTRACIÓN A LOS MEDIOS

La envergadura de lo que Snowden ponía al descubierto era descomunal: una red de vigilancia mundial activada por las agencias de varios países aliados, lideradas por la estadounidense. Reino Unido, Australia, Nueva Zelanda o Canadá, entre otros, compartían información de, potencialmente, miles de millones de personas. No solo estaban siendo investigados ciudadanos *anónimos*, sino cientos de líderes mundiales, como jefes de Estado e importantes empresarios. Aquellos papeles (archivos informáticos, en realidad) demostraban la existencia de tratados secretos y otros acuerdos bilaterales para la transferencia a gran escala de metadatos, registros y otras informaciones a la NSA. No se trataba de un programa de espionaje: era una suma de programas secretos de vigilancia masiva (MUSCULAR, PRISM o XKeyscore, entre otros), que operaban fuera de cualquier permiso judicial.

Snowden pactó la publicación de estos datos con medios de comunicación punteros de varios países, además de *The Guardian* y *The Washington Post*, los dos que contaron con la exclusiva: *Der Spiegel, El País, El Mundo, L'Espresso, Le Monde, NBC, The New York Times*... Cuando el fuego de las revelaciones de WikiLeaks aún seguía vivo, pero decrecía su exposición mediática, llegaba un nuevo bombazo sobre las actividades ilícitas de los Gobiernos occidentales. Y, otra vez, por un robo informático. El volumen de lo extraído se desconocía con exactitud –tanto entonces como ahora–, pero se estima que los documentos descargados de la NSA podían estar entre el millón y los 1,7 millones. Cifras gigantescas, en cualquier caso, que implicaba un ingente trabajo de estudio por parte de los medios.

Las manifestaciones a favor de Edward Snowden y Brad Manning se sucedieron por todo el mundo, como esta de junio de 2013 en Berlín.

Las escuchas de la NSA se extendieron también a los teléfonos móviles de algún presidente de sus socios europeos, como la alemana Angela Merkel.

UNA SOCIEDAD ANTE LA DUDA

¿Qué sentido tenía todo aquello? Para Estados Unidos, mucho. Después de los ataques del 11-S, que se ejecutaron tras resultar indetectables para los servicios de inteligencia norteamericanos, estos mismos organismos habían decidido que aquello no les volvería a suceder. En el nuevo mundo globalizado, en el que para el intercambio de información no era necesaria la presencialidad, la vigilancia de las comunicaciones a distancia valdría su peso en oro. O, en términos políticos, salvaría vidas. Esa era la razón de ser, o excusa, de aquel entramado secreto.

Las revelaciones de Snowden nos obligan a retratarnos; o, al menos, a preguntarnos qué estamos dispuestos a sacrificar en aras de «la seguridad». ¿Permitimos que los Estados ejerzan una vigilancia aleatoria, continuada y masiva sobre las comunicaciones e interacciones de los ciudadanos, especialmente aquellas realizadas en internet? ¿O nos ha de resultar intolerable? Y si no queremos esto, si algún día se repite un ataque terrorista, ¿estaremos dispuestos a asumir que se podría haber atajado si...? De hecho, pueden haberse evitado ya. Incluso, podemos pensar: ¿Es esta dicotomía cierta? Y si los países occidentales hacen esto, ¿qué pasará en otros más opacos? Las preguntas, las dudas, los matices, son inacabables.

LAS CONSECUENCIAS

La filtración de Snowden acarreó consecuencias legales en el propio seno de la administración estadounidense. El 2 de junio de 2015, el entonces presidente Barack Obama firmó la Ley de Libertad, que imponía límites a la NSA y su recopilación de datos por espionaje electrónico de las comunicaciones de los ciudadanos. Sin embargo, también se dio por seguro que las revelaciones habían dañado a la seguridad nacional, pese a las supuestas autorrestricciones que se había impuesto Snowden. Se había revelado información confidencial sobre la vigilancia electrónica estadounidense a grupos terroristas como Al Qaeda, que desde entonces estuvieron más alerta y escondieron mejor sus informaciones. Para Snowden y sus partidarios, sin embargo, la filtración era necesaria porque se había «pirateado la Constitución».

> 66 Habíamos dejado de observar a terroristas específicos y comenzamos a observar a todos por si acaso se convertían en terroristas. Y esto no era algo que afectaba solo a personas en lugares lejanos como Indonesia. Esto estaba afectando a los estadounidenses 99.
>
> E. Snowden.

A Snowden lo habíamos dejado en Hong Kong, fuera del alcance de la justicia de su país, que ya le reclamaba. WikiLeaks se puso en contacto con él y le aconsejó que viajase a Ecuador, donde aquel país le proporcionaría asilo diplomático (recordemos que en ese junio de 2013, Julian Assange estaba

Panorámica del Kremlin, en Moscú, ciudad donde se exilió Edward Snowden.

ya refugiado en la embajada ecuatoriana en Londres). Tomó un vuelo de Hong Kong –que no detuvo a Snowden, pese a la petición de Estados Unidos, alegrando fallos formales en la solicitud– hacia Moscú, en principio una escala hacia el país andino. En ese tiempo los norteamericanos anularon su pasaporte, lo cual complicaba sus movimientos. Cuatro países le ofrecieron asilo: Ecuador, Nicaragua, Bolivia y Venezuela. Sin embargo, desde Moscú solo podía volar hasta La Habana, en Cuba. Extrañamente, no voló hasta allí. Se quedó en la zona de tránsito del aeropuerto moscovita.

Encallado en Sheremetyevo, Snowden pidió asilo en 21 países, sin éxito. Rusia le proporcionó un asilo temporal y planeó hacer allí su vida. Estados Unidos se preocupó al observar que Snowden, considerado ya un espía, permaneciera en un país como Rusia. El presidente ruso Vladimir Putin le exigió que «detuviese su trabajo destinado a dañar a nuestros socios estadounidenses». Snowden declaró que había entregado la única copia de los archivos a los periodistas en Hong Kong, por su propia seguridad. Con el tiempo, Snowden obtuvo un permiso de residencia permanente en Rusia, y en 2022, la ciudadanía rusa, con lo que quedaba protegido ante cualquier intento de extradición.

Las implicaciones del caso destapado por Snowden fueron más allá del ámbito de la seguridad nacional. La alarma social por la vigilancia de las comunicaciones se extendió más allá del papel de los Estados: también las grandes corporaciones acumulaban datos de los usuarios de internet sin que estos fueran conscientes. Todo aquello desembocó en uno de los incesantes debates de nuestro tiempo: la privacidad de los datos personales, lo que ha acarreado ya multas astronómicas (aunque quizá asumibles).

LA LISTA FALCIANI, EL ROBO RECAUDADOR

¿ROBAR A LADRONES TIENE CIEN AÑOS DE PERDÓN?

Un solo hombre puso en jaque a todo el sistema bancario mundial, todo gracias a un robo a hurtadillas. Consiguió la lista de miles de propietarios de cuentas ocultas en la sigilosa y acaudalada banca suiza. Todos sabían lo que se hacía en el país helvético, pero resultó insoportable ver tantos nombres conocidos. Las consecuencias de la Lista Falciani fueron grandes... Pero ¿suficientes?

Ginebra.

2006 y 2008.

Datos de 130 000 depósitos bancarios opacos en el banco HSBC, sin declarar.

Hervé Falciani, informático monegasco.

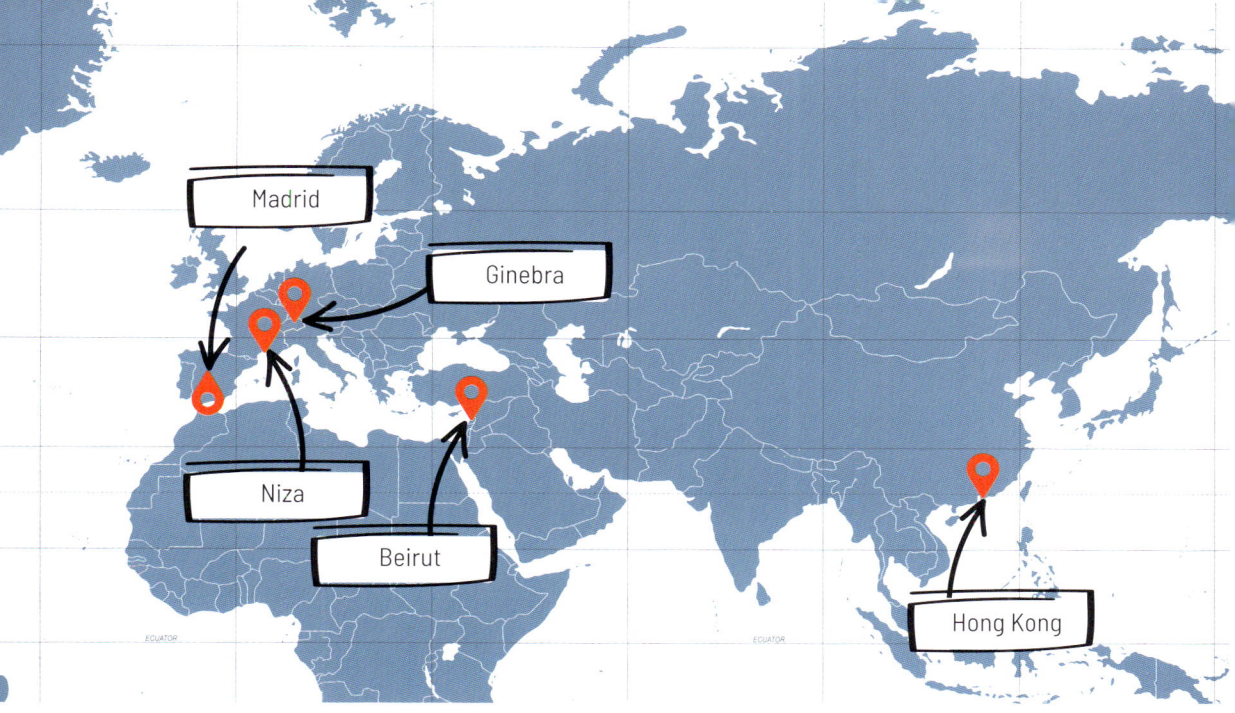

¿Es lo mismo robar que no dar lo que estás obligado a dar? ¿Es comparable atracar un banco y llevarse millones de euros a esconder en un banco dinero que debería estar disponible para la ciudadanía? ¿Se roba más a punta de pistola o a golpe de talonario? A todas estas cuestiones, tan pertinentes para algunos, tan populistas para otros, nos acerca, precisamente, un robo. El que protagonizó el monegasco Hervé Falciani entre 2006 y 2008. Él trabajaba en un banco, pero no se llevó dinero; fue algo potencialmente más perturbador: datos.

UN GRAN BANCO DE GRANDES POLÉMICAS

El HSBC era, en 2008, el segundo mayor banco del mundo, y aún hoy continúa entre los diez primeros. Sus siglas responden a The Hongkong and Shanghai Banking Corporation, lo que delata su origen asiático, fundado en 1865 en Hong Kong, cuando esta era una colonia británica. Fue refundado en 1991 como un *holding*, con sede en Londres. Se especializa en la gestión de los grandes activos de sus clientes: en manejar el dinero de los (muy) ricos, por si así se entiende mejor. En 2012, un informe del Senado de Estados Unidos estableció que, durante años, el HSBC había lavado dinero de los cárteles mexicanos de la droga y de otras organizaciones criminales de Rusia, Irán, Arabia Saudita y Bangladés. Aceptó pagar una multa de 1 900 millones de dólares tras admitir una cierta permisividad con el hampa que emplea sus servicios para lavar dinero del narcotráfico o del terrorismo. En 2014, la Unión Europea acusó a la filial suiza de HSBC de fraude fiscal, blanqueo de dinero y organización criminal. Todo ello llegó por los documentos que Hervé Falciani sustrajo de su red informática.

El edificio principal del HSBC en Hong Kong.

EL INFORMÁTICO FISGÓN

Falciani (Montecarlo, 1972) era un joven veinteañero que trabajaba en el Casino de Mónaco; con ese dinero, se pagaba estudios especializados en sistemas informáticos. Era bueno. Lo captó en 2001 la filial suiza (en Ginebra) del banco HSBC que, como vemos, necesitaba a los mejores para dar el mejor servicio. Durante esos años, Falciani se especializa en la red informática del banco y ayuda a modernizarla. Aquello le da acceso a datos muy sensibles. Suiza es un país célebre por su sector bancario y por el *secreto bancario*, con el que ha hecho fortuna. Un concepto que le permitía atraer y, a la par, ocultar a las haciendas de los Estados grandes patrimonios de diferentes partes del mundo y pertenecientes a millonarios que querían mantenerse en el anonimato.

Falciani se dio cuenta de que tenía a su disposición todos los datos del banco para el que trabajaba. Un diamante –miles de ellos– en bruto. Es la información que protege el alabado –por quienes en él se amparan– secreto bancario suizo. Cuentas millonarias que se van inflando durante años por transferencias opacas y de origen dudoso, cuya pista es imposible de seguir. Sus poseedores las han llevado hasta allí no porque les guste Suiza, su vida apacible y sus fastuosos paisajes alpinos –que también–, sino porque están lejos del alcance de sus respectivos Gobiernos y de su temible –para ellos– capacidad recaudatoria. Son las cloacas que huelen a perfume caro.

Entre 2006 y 2008 se descarga información que acumula en una lista en la que se detallan unas 130 000 cuentas bancarias con el nombre de sus poseedores, su dirección física y el origen de sus negocios. Es una tarea solitaria, laboriosa y paciente, ejecutada allá donde tenga su ordenador. Son varios *gigabytes*, que el monegasco copia en varios cedés. Son brillantes, ligeros, estilizados: su contenido vale una fortuna, quizá tanto como la que poseen quienes se esconden tras sus *bytes*.

¿HÉROE O VILLANO?

El primer Falciani no se pone la capa de héroe de la transparencia, sino que crea una oscura empresa llamada Palorva. Es ahí cuando despunta el Falciani al que denuncian sus enemigos: embaucador, encantador de serpientes, que

Panorámica general de Ginebra.

> En la película *La lista de Schindler*, el contable dice: «Esta lista es el bien absoluto. Esta lista es la vida». La de Falciani también lo es, y se puede medir: vale miles de millones.

usa su atractivo físico y personal en beneficio propio. Esa empresa, dirigida por un tal Ruben Al-Chidiak –que no es otro que él mismo–, se ofrece a vender esos datos al mejor postor. Recordemos: son datos que otros bancos de la competencia darían su alma –dinero– por poseer. O también: pruebas de delitos que servirían para chantajes.

Al-Chidiak/Falciani contacta con un banco libanés en Beirut y hasta allí se dirige, en febrero de 2008, para intentar concertar la venta de esos datos. Pero en el banco no acaban de ver claro de dónde sale esa información. ¿Y si es ilegal? Parece que alguien de allí con algún escrúpulo se lo plantea y hace alguna llamada. Saltan las alarmas en Suiza, se enteran de lo que Palorva está tramando. La justicia helvética ata cabos y descubre quién es en realidad el enigmático Al-Chidiak. Detienen a Falciani en diciembre de 2008, confiscan sus equipos informáticos, registran su domicilio y le interrogan durante horas. El informático evita pasar la noche en comisaría a cambio de seguir colaborando al día siguiente. Eso no llega a suceder.

Al día siguiente, recoge a su esposa y a su hija y huye a Francia en un vehículo de alquiler. Allí compra un nuevo ordenador y se conecta a su espacio de almacenamiento en la nube para recuperar toda la información. Un buen informático siempre cuenta con más de una copia de respaldo.

VERSIONES DISTINTAS

Es entonces cuando Falciani muta de ladrón de oscuros datos personales a paladín de la justicia internacional. Si no pudo vender esos datos a manos privadas, para los ministerios de Hacienda de cualquier país resultan una bendición. Estamos ya en 2009, en plena tormenta de la crisis de deuda que azotó a las grandes economías mundiales. La crisis de las hipotecas basura, de las mentiras financieras que nos contamos y nos contaron y nos creímos nosotros mismos. Siempre vienen bien unos cuantos miles de millones de euros, pero entonces, más. Y la lista de Falciani es un tesoro para cualquier inspector de Hacienda.

En la película *La lista de Schindler*, el contable de Schindler dice, en una célebre escena: «Esta lista es el bien absoluto. Esta lista es la vida». La de Falciani también lo es, y se puede medir: vale miles de millones en impuestos impagados.

El monegasco se asienta en la Costa Azul. La justicia suiza, burlada, no se detiene. Quiere recuperar como sea el material que consideran robado al HSBC; pero, más que en favor de una entidad privada, lucha por mantener el secreto bancario sobre el que se asienta el plácido bienestar helvético. Lanza una orden de detención internacional contra Falciani; aduce, sin dar mayores detalles, que

Hervé ha sustraído datos personales. Francia la ejecuta el 20 de enero de 2009. Pero la fiscalía francesa no se comporta como un lacayo. Requisa el ordenador y encuentra la lista. Descubre las 130 000 cuentas de presuntos evasores fiscales, miles de ellos franceses. ¿Quién es delincuente? ¿Cuál es el delito? ¿Falciani y el robo de datos? ¿O la banca suiza y su ocultamiento de fortunas? La fiscalía francesa piensa que, como poco, se lo tiene que pensar.

LA LISTA Y LA CRISIS DE DEUDA

Y no, no entregan a Falciani. Lo dejan en libertad y le piden que colabore a desmadejar la lista, a señalar a los franceses que ocultan dinero, que hacen trampas; que no roban, pero no dan, y a efectos contables acaso es lo mismo. La fiscalía francesa se hace con unos 5 000 nombres, a los que van reclamando lo suyo. Hay que hacerlo con cuidado. Nadie pone en duda la veracidad de los datos, pero si se llevasen a juicio, podrían resultar no válidos por la manera en que fueron obtenidos. Pero tampoco esas grandes fortunas están interesadas en que su caso se haga público, en que se aireen sus cuentas y que a lo único que puedan agarrarse sea que todo se basa en datos robados. Sí, somos delincuentes fiscales, pero es que ustedes lo saben de mala manera, así que borrón y cuenta vieja. Se trata de actuar con presión y discreción. Francia acabó recuperando unos 1 300 millones de euros con esos impuestos *atrasados*.

La alarma mundial generada por la Lista Falciani provoca un profundo movimiento en la banca suiza: aceptan cobrar los impuestos de cada país a cada cuenta que se abra.

Suiza se sigue rasgando las vestiduras por el crimen de Falciani, pero los países de la OCDE (Organización para la Cooperación y el Desarrollo Económicos, que engloba a los países occidentales y satélites) se frotan las manos y amenazan al país helvético con incluirlo en la lista negra de paraísos fiscales. Francia comparte la lista de Falciani con otros países: España, Italia, Reino Unido, Alemania... Sus Haciendas se felicitan, pero no se llega a recaudar más que una parte de lo que potencialmente se habría logrado. Los delitos fiscales prescriben tras unos pocos años –según cada país– y muchos están próximos a caducar. Algunos países, como España, pactan una amnistía fiscal con los deudores. Si regularizan con efecto inmediato sus fortunas ocultas, pagarán solo una tercera parte de lo que deban. Tan solo un famoso banquero, el más poderoso del país, abonó 200 millones de euros.

En Grecia, el país más afectado por la crisis de deuda, la Lista Falciani causa una profunda conmoción. En un momento en el que Estado está prácticamente

en quiebra, con los salarios por los suelos y el paro disparado, se hacen públicos los nombres de esos presuntos defraudadores. Se producen manifestaciones, disturbios. Pero la justicia helena decide procesar al periodista que publica los datos en vez de encausar a los señalados, algunos de ellos familiares de los políticos en el poder. En Estados Unidos, por ejemplo, se potencia la delación de los delitos fiscales y se premia al delator con un 30 % del dinero que se recaude por su denuncia.

La alarma mundial generada por la Lista Falciani provoca un profundo movimiento en la banca suiza: aceptan cobrar los impuestos de cada país a cada cuenta que se abra y transferirlos a la Hacienda de cada Estado; sin embargo, el nombre del propietario de cada cuenta quedaría sin revelar.

DETENCIÓN Y CÁRCEL

Francia acaba devolviendo el ordenador a Suiza, pero después de haber compartido los datos con los países con los que mantiene tratados de cooperación en materia fiscal y se los han solicitado. Mientras, Falciani decide abandonar Francia y mudarse a España. Estados Unidos le avisa de que su cabeza puede tener precio. Es entonces cuando el Senado iba a lanzar sus acusaciones contra el HSBC por su falta de control sobre el blanqueo de capitales y la financiación del terrorismo: acabaría en una sanción de 1900 millones de dólares, y muchos de esos defraudadores verían sus cuentas incautadas.

Vista del Puerto de Barcelona y del edificio de Aduanas (bajo esta línea).

> *Entre rejas, Falciani se muestra, de nuevo, como un tipo con encanto. Se hace amigo de todo tipo de delincuentes, quizá atraídos por su fama mundial.*

En una entrevista al diario *El País*, Falciani afirma:

> **❝** A partir de entonces, mi vida correría peligro. Tenía dos opciones: iniciar una nueva vida en Estados Unidos o viajar a otro lugar para ganar tiempo. Me dijeron que el único sitio seguro en Europa sería España, que había utilizado con éxito mi información en casos importantes como el de la familia Botín. Creían que sería poco probable que España aprobara mi extradición a Suiza **❞**.

Al cruzar la frontera en barco hacia el puerto de Barcelona, le piden su documentación –casualmente– en un control rutinario. Es el 1 de julio de 2012 y las autoridades españolas, que ejecutan la orden internacional de arresto que aún sigue vigente por parte de Suiza, lo detienen.

Es un paso medido por parte del monegasco. Sabe que en las leyes españolas el delito fiscal está tipificado y que será considerado un «activo» valioso. La normativa obliga a denunciar todo indicio de blanqueo y lo que Falciani tiene va más allá de eso: son pruebas. Sin embargo, pasará seis meses en diferentes cárceles, a la espera de que la justicia española se pronuncie sobre su extradición. Entre rejas, Falciani se muestra, de nuevo, como un tipo con encanto, incluso en las condiciones más inhóspitas. Se hace amigo de todo tipo de delincuentes, quizá atraídos por su fama mundial. Alguno de ellos, incluso, es un ladrón de bancos *de los de toda la vida*, de pistola y pasamontañas, que le enseña cómo robaba bancos de manera presencial. Como hombre cultivado, se hace cargo de la biblioteca de la cárcel y conoce a los presos por el tipo de libros que le piden.

Pasa 168 días a la sombra. La Audiencia Nacional española determina que aquello por lo que la justicia suiza pide su extradición no es delito alguno dentro de sus fronteras, y que Falciani va a ser una pieza clave para esclarecer delitos fiscales en España. Se dispone su liberación para el 17 de diciembre de 2012. Sin embargo, él abandona la cárcel de Valdemoro (Madrid) el día antes, con chaleco antibalas y escoltado por ocho policías. Lo mismo que le protege de manera judicial, lo señala ante otros: lo que sabe, lo que tiene. Para unos vale mucho vivo; para otros, muerto. Pactan unas medidas de seguridad, entre las cuales está salir del presidio antes de que se haga público a los medios. Le dan una vivienda, protegida por policías, que irá cambiando cada cierto tiempo. Falciani sabe que ha incomodado a muchos narcotraficantes y otros delincuentes, y que la animadversión de esos tipos se puede pagar con sangre.

LOS AGUJEROS DEL SISTEMA

En 2015, Falciani intenta ser nombrado eurodiputado como cabeza de lista del Partido X, que se posiciona como el partido contra la corrupción bancaria. No lo logra y, desde entonces, su pista se difumina un poco.

Falciani siempre ha negado que haya cobrado algo por colaborar con las agencias tributarias de los diferentes países que han empleado su lista para luchar contra el fraude fiscal. También dice que es un montaje de Suiza el que él intentase, en un primer momento, vender sus datos a otras empresas; ese viaje al Líbano, aduce, estaba pensado para hacer saltar las alarmas, nada más.

En la década de 2020, se sabe que Falciani sigue viajando de un país a otro, sin residencia fija. Colabora con alguna agencia tributaria, tiene proyectos empresariales... y escolta.

En 2014, la OCDE consiguió un acuerdo para que los bancos, a nivel mundial, compartieran con ellos información sensible de sus cuentas de manera automática. Era, en cierto modo, el fin del secreto bancario... O, quizá, del secreto bancario tal y como estaba entendido hasta entonces. La *necesidad* de esconder dinero, por una u otra razón –porque esté manchado de sangre, por corrupción, por no querer pagar impuestos...– sigue ahí. Parece improbable, claman algunas voces autorizadas, que quienes hasta entonces ayudaban a evadir, pasen ahora a ocupar, de manera inmediata, el papel de recaudadores de impuestos. Dicen que el dinero es como el agua, que se escapa por cualquier agujero. Quizá ahora se haya logrado que haya menos. Quizá –seguro– se estén horadando otros nuevos. Con uno solo que haya, el agua seguirá escapando.

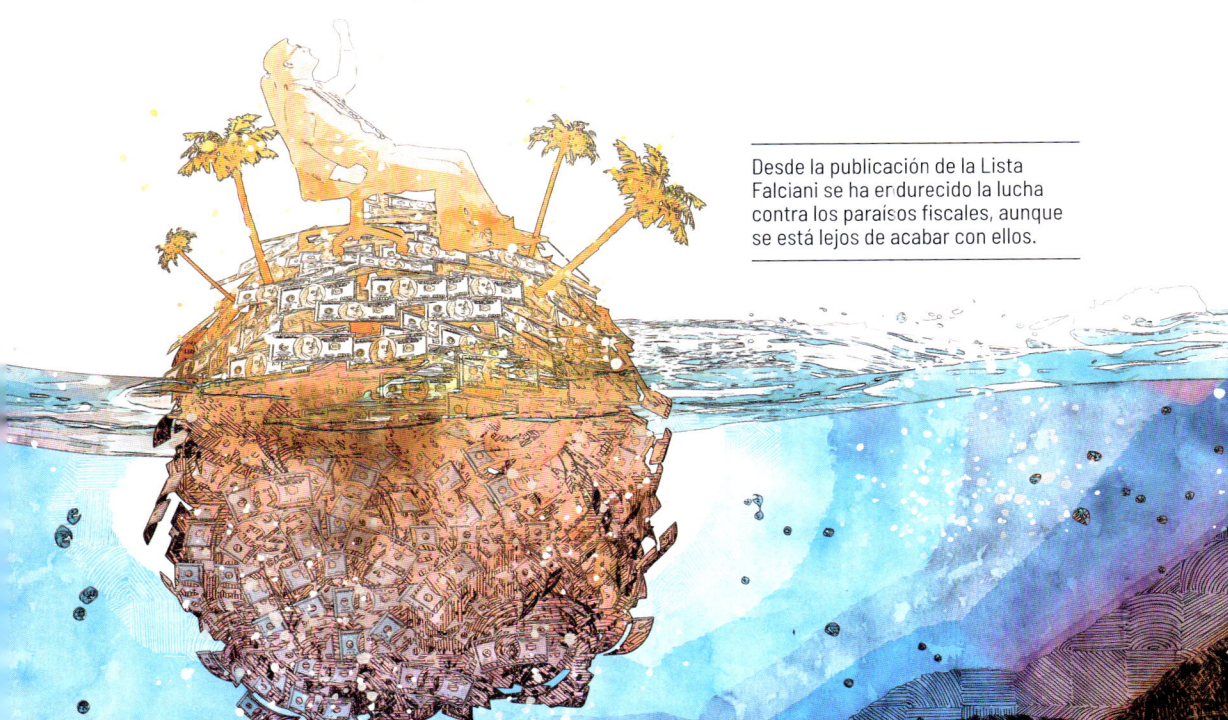

Desde la publicación de la Lista Falciani se ha endurecido la lucha contra los paraísos fiscales, aunque se está lejos de acabar con ellos.

ÍNDICE

CRÉDITOS FOTOGRÁFICOS

Alexandros Michailidis: pág. 81

Ana del Castillo / Shutterstock.com: pág. 181

Antonio Espejo: pág. 73, 76

Beyond my Ken / Wikipedia: pág. 138, abajo

Chad Buchanan / Gettyimages: pág. 198

Daily Mirror / Mirrorpix / Getty Images: pág. 48, pág. 49, abajo

David G Silvers. Cancillería del Ecuador: pág. 190

Eduard Gübelin/Wikipedia: pág. 97, izq.

EFE / Manuel P. Barriopedro: pág. 71, arriba

Erich Braun/Wikipedia; pág. 95, arriba

Goran tek-en / Wikipedia: pág. 50

Hulton Archive / Gettyimages: pág. 122

Jaclyn Vernace / Shutterstock: pág. 38

John Wreford/ Gettyimages: pág. 44

Kev Gregory / Shutterstock: pág. 37

Keystone / Gettyimages: pág. 34, abajo

krblokhin: pág. 191

Mark D Bailey / Shutterstock: pág. 32

Mirropix / Gettyimages: pág. 39

Museo Isabella Stewart Gardner: pág. 138, arriba; pág. 143 (por cortesía de la policía de Boston); pág. 144 (todas); pág. 145 (todas)

Paul Harris / Gettyimages: pág. 42, pág. 43

Paul Wolff: pág. 87, der.

picture alliance / Gettyimages: pág. 99

Raúl Cancio: pág. 63

Reg Lancaster / Daily Express / Hulton Archive / Gettyimages): pág. 36

Ricardo Martín: pág. 77

Richard Kelly / Wikipedia: pág. 40

Rod Westwood: pág. 41, izq.

Sylvain Gaboury: pág. 178